U0541231

本书为中宣部文化名家暨"四个一批"人才项目
"中国图书走出去战略研究"成果

中国出版"走出去"创新研究

戚德祥 ○ 著

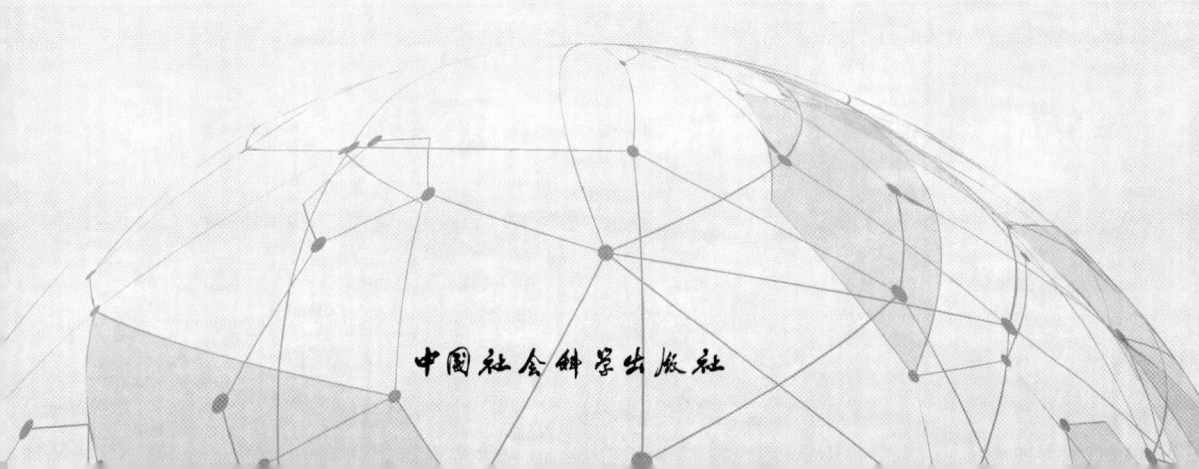

图书在版编目（CIP）数据

中国出版"走出去"创新研究 / 戚德祥著. —北京：中国社会科学出版社，2020.4
ISBN 978 - 7 - 5203 - 6334 - 1

Ⅰ.①中⋯　Ⅱ.①戚⋯　Ⅲ.①出版事业－中外关系－文化传播－研究　Ⅳ.①G239.2

中国版本图书馆 CIP 数据核字（2020）第 066668 号

出 版 人	赵剑英
责任编辑	张冰洁
责任校对	夏慧萍
责任印制	王　超

出　　版	中国社会科学出版社
社　　址	北京鼓楼西大街甲 158 号
邮　　编	100720
网　　址	http://www.csspw.cn
发 行 部	010 - 84083685
门 市 部	010 - 84029450
经　　销	新华书店及其他书店

印　　刷	北京明恒达印务有限公司
装　　订	廊坊市广阳区广增装订厂
版　　次	2020 年 4 月第 1 版
印　　次	2020 年 4 月第 1 次印刷

开　　本	710×1000　1/16
印　　张	13.5
字　　数	183 千字
定　　价	66.00 元

凡购买中国社会科学出版社图书，如有质量问题请与本社营销中心联系调换
电话：010 - 84083683
版权所有　侵权必究

目 录

绪 言 ……………………………………………………（1）

第一章 中国出版"走出去"综述 …………………………（5）
  一 国家支持出版"走出去"的政策 …………………（6）
  二 国家支持出版"走出去"工程 ……………………（12）
  三 中国出版"走出去"战略实施以来取得的成效 ……（15）
  四 "走出去"图书出版形成五大方阵 ………………（22）
  五 对出版"走出去"工作的思考 ……………………（31）

第二章 版权输出战略与有效途径 ………………………（35）
  一 中国图书难以"走出去"的主要原因 ……………（35）
  二 中国图书版权输出战略 ……………………………（37）
  三 实现版权输出的有效途径 …………………………（41）

第三章 出版企业国际品牌建设与管理 …………………（45）
  一 品牌国际化与出版国际化 …………………………（46）
  二 国际化视域下出版企业品牌建设的思路 …………（47）
  三 国际化视域下出版企业品牌产品建设的关键点 …（52）
  四 国际化视域下出版企业品牌管理 …………………（56）

— 1 —

五　国际化视域下出版企业品牌传播……………………（58）

第四章　出版企业国际化人才培养………………………（61）
　　一　培养国际化人才是出版"走出去"的必然要求………（62）
　　二　国际化出版人才能力素质分析………………………（64）
　　三　国际化出版人才培养途径……………………………（67）

第五章　国际汉语教材出版与"走出去"…………………（73）
　　一　语言推广与文化软实力………………………………（73）
　　二　汉语教育与出版：半个多世纪的发展历程…………（76）
　　三　探索适合汉语特点的教学体系和出版之路…………（77）
　　四　国际汉语教材出版的现状与问题……………………（78）
　　五　国际汉语教材的发展趋势……………………………（80）
　　六　国际汉语教材的营销推广……………………………（85）

**第六章　国际化视野下大学出版社"走出去"立体化
　　　　　格局建设**……………………………………………（88）
　　一　国际化视野下大学出版"走出去"的主体内容
　　　　和现实意义………………………………………………（89）
　　二　牛津大学出版社、剑桥大学出版社和北京语言大学
　　　　出版社"走出去"立体化格局建设………………………（90）
　　三　牛津大学出版社、剑桥大学出版社和北京语言大学
　　　　出版社"走出去"立体化格局建设的共同要素………（95）

第七章　立体化出版营销体系构建与"走出去"…………（98）
　　一　根据自身特点，构建立体化发展思路………………（99）
　　二　加大研发力度，实现"走出去"产品
　　　　立体化发展………………………………………………（100）
　　三　推进版权输出和版权管理立体化……………………（101）
　　四　积极开展数字出版，扩大"走出去"市场领域………（103）
　　五　建设汉语教学数字资源平台…………………………（104）
　　六　创建面向外国人的汉语互动阅读云平台……………（105）

七　建设具有国际视野和数字出版经验的复合型出版
　　人才队伍……………………………………………（106）
八　创建有效的立体化国际营销渠道…………………（106）

第八章　出版"走出去"国际物流体系建设……………（108）
一　供应链理论指导下的现代国际物流发展
　　概况及趋势…………………………………………（109）
二　出版"走出去"国际物流现状及存在的
　　普遍问题……………………………………………（110）
三　出版"走出去"国际物流体系优化策略……………（113）

第九章　我国出版企业海外分支机构本土化经营之道…（118）
一　本土化经营是我国出版企业海外分支机构的
　　必由之路……………………………………………（119）
二　本土化战略制定与经营模式选择…………………（121）
三　研发本土化产品是发展的根本……………………（123）
四　创建本土化营销渠道是发展的关键………………（125）
五　建设本土化人才队伍是发展的核心………………（127）
六　实施本土化管理是发展的保障……………………（129）
七　处理好几个关系……………………………………（131）

第十章　北京语言大学出版社北美分社建设经验及启示…（136）
一　北京语言大学出版社北美分社发展历程与
　　经营状况……………………………………………（137）
二　北京语言大学出版社创建北美分社是企业发展的
　　战略考量……………………………………………（143）
三　创建北京语言大学出版社北美分社的论证过程……（147）
四　北京语言大学出版社北美分社的建设原则及
　　发展策略……………………………………………（147）
五　北京语言大学出版社北美分社的建设经验对其他
　　出版企业"走出去"的相关启示……………………（151）

第十一章　媒体融合背景下出版企业"走出去"创新…………（155）
　　一　出版观念创新……………………………………（156）
　　二　发展思路创新……………………………………（157）
　　三　产品内容创新……………………………………（158）
　　四　构建基于大数据的分众化、互动式、体验式数字资源
　　　　服务平台，探索媒体融合出版"走出去"创新路径……（163）
　　五　"走出去"产品形式创新…………………………（164）
　　六　营销方式与营销模式创新………………………（166）
　　七　管理机制创新……………………………………（168）

第十二章　汉语教学数字资源服务平台建设与"走出去"……（172）
　　一　汉语教学数字资源服务平台建设基础…………（172）
　　二　汉语教学数字资源服务平台建设内容…………（174）
　　三　汉语教学数字资源服务平台建设目标…………（180）

第十三章　电子音像出版与"走出去"………………………（181）
　　一　将电子音像出版纳入"走出去"立体化发展
　　　　战略体系……………………………………………（182）
　　二　电子音像产品开发与出版特色有机结合………（182）
　　三　采取以合作共赢为基础的多元化合作模式……（184）
　　四　实行项目管理，创建高效团队…………………（184）
　　五　北京语言大学出版社国际品牌产品案例………（186）

第十四章　"一带一路"背景下图书境外版权保护…………（193）
　　一　"一带一路"主题图书"走出去"现状……………（194）
　　二　"一带一路"沿线国家版权保护状况……………（195）
　　三　中国图书境外版权保护策略……………………（197）

参考文献………………………………………………………（203）

绪　言

　　出版物具有积累和传播文化、科学等人类文明成果的作用。在世界历史的各个时期，出版物对不同文明之间的交流与合作都做出了贡献。在当今新的传播技术条件下，人们了解外国的经济、政治和科学文化情况，依然需要从多种媒体形式的出版物中获取资料和信息。出版物是人们不断获取信息的重要源泉。正是因为出版物在文明传承与互动中的特殊地位，中国出版"走出去"成为中华文化"走出去"的重要组成部分，肩负着"以书为媒"展示中华文化成果、促进中外人文交流的职责使命。命运使然，本书作者的成长历程与出版业及出版"走出去"紧密地连在了一起。2004年4月，本书作者担任北京语言大学出版社（以下简称"北语社"）社长兼总编辑，开始了为期8年的出版职业生涯。十分幸运，在此期间北语社赶上了"天时、地利、人和"。所谓天时，自2006年起，国家全面实施汉语国际推广计划和中国出版"走出去"战略，推动汉语走向世界和中华文化国际传播，使得北语社这个与汉语及中华文化密切相关的专业出版社获得了绝佳的发展机遇；所谓地利，北京语言大学是我国对外汉语教学的核心基地，拥有强大的学科依托和教师资源；所谓人和，北语社得到了上级部门领导和学校领导的信任与支持，更重要的是拥有了一支极具凝聚力和战斗力的员工队伍。正是在这种国家战略大背景和北语社良好的内外部环境下，北语社实现了跨越式发展。

一个企业的发展首要是定位和发展战略，企业的定位和发展战略决定了企业发展的方向和目标，决定着企业的成败。2004年，北语社确立了"中国对外汉语教学与研究专业出版社"的发展定位和以对外汉语教材出版为主要特色并全面进行海内外推广的发展战略，抓住汉语国际推广和中国出版"走出去"的有利时机，加大"走出去"的力度，实施"汉语教材国际推广计划"和"海外拓展计划"，推动对外汉语教材和外向型文化产品的研发出版与海外营销。从编辑队伍建设、海外营销队伍建设到作者队伍建设；从图书产品研发，到海外营销渠道创建；从版权输出，到实物出口，再到合作出版、设立海外分社，全面快速推进，均取得了较突出的业绩。在"走出去"的过程中，北语社形成了纸质图书出版、电子音像出版、数字出版三大出版核心和国内营销、海外营销、网络营销三大营销渠道，实现了传统出版、语言培训、数字出版一体化发展。可以说，北语社在服务国家"走出去"战略的同时，自身也发展壮大起来。正如美国营销专家杰克·特劳特所说："成功就是要找到正确的战略，战略就是让你的企业和产品与众不同，形成核心竞争力。"这也正是北语社的成功之道。

本书是作者基于多年的出版"走出去"实践和研究，围绕中国出版"走出去"高质量发展，从国家政策措施、出版企业国际化战略、"走出去"模式与路径、"走出去"产品内容与形式、海外营销渠道建设、本土化发展、管理机制等多个方面进行的"走出去"策略创新探索。本书贯穿以下三条主线。

一是立体化出版"走出去"思路。提出构建"走出去"立体化出版营销体系，认为单一的纸质图书已不能满足"走出去"的需求，集纸质、电子、音像等多种媒体于一体的出版产品将成为发展的必然，即通过出版内容立体化、出版方式立体化和营销渠道立体化，实现出版"走出去"创新。

二是持续创新的思想。创新是提升企业核心竞争力和国际竞争力的要素，中国出版"走出去"所取得的成绩，正是不断创新的结果。当前，面对激烈的国际图书市场竞争，面对数字技术迅猛发展给出版业所带来的巨大影响，面对出版"走出去"提质增效的关键节点，出版"走出去"须顺应媒体融合发展趋势，创新"走出去"的理念、思路和策略，用创新来实现突破。

三是企业经营理念。中国出版业既有意识形态属性，又有企业属性，这就决定了中国出版"走出去"需要实现社会效益和经济效益的有机统一。出版企业在"走出去"工作中，必须把讲好中国故事、传播好中国声音、增强国家文化软实力放在首位，同时还要通过国际化运营获取经济效益。虽然现阶段出版企业"走出去"实现盈利还很难，还离不开国家政策和资金支持，但基于出版企业"走出去"的持续、长久发展，出版企业必须强化市场的理念，走市场化发展道路，通过国际竞争来提升企业核心竞争力，通过积极有效的市场运营来实现经济效益，在推动图书产品"走出去"的同时带动企业的整体发展。这也正是国家提出的"政府主导、企业主体、社会参与、市场运作"出版"走出去"工作方针所要求的。

本书除了运用编辑出版学理论，还融入了管理学、营销学和传播学等理论，作为"走出去"研究的学科理论基础。这些学科大都是应用学科，从而决定了对出版"走出去"的研究不能仅仅停留在理论的层面，必须以出版企业"走出去"实践为研究基础。本书作者曾策划、主持过多个图书出版国家级项目、国际汉语教材研发项目和媒体融合出版产品研发项目，打造了多个国际品牌产品，并亲自到海外开展图书产品营销推广，因此，对"走出去"图书产品的目标与群体、内容与形式、市场与渠道等有全面的了解和切身的体验，这些"走出去"实践经验，为出版"走出去"创新研究提供了原动力。此外，作者多年参与中国图书对外推广政策研究、战略制定和重点项目评审，参与国家汉办重点国际汉语教材项目的策划与评审，连续十年为全国出版社社长总编辑岗位培训班作"走出去"专题讲座，因此对中国出版"走出去"战略有较深入的了解和宏观的把握。这些经历使得研究思路清晰、视野开阔，资料充分、案例丰富，既奠定了出版"走出去"研究的理论基础，又明晰了出版"走出去"从实践探索到理论构建的研究思路，从而提出出版"走出去"的创新策略。本书的特色体现在理论研究与成功实践的深度融合，既有出版经营管理和"走出去"实践经验，又结合了战略管理理论研究成果；既注重理论创新，更注重实用价值。期望本书能为出版企业"走出去"、出版"走出去"理论研究和编辑出版专业人才培养提供借鉴。

中国出版"走出去"从全面推动实施到现在已经跨过了十三个年头。从目前出版"走出去"工作的实际状况来看，虽然成绩斐然，但也面临发展的瓶颈期，亟须从简单的规模增长转向更高的质量效果上来，创新将成为今后出版"走出去"工作的重点。本书正是对中国出版"走出去"创新而进行的研究和探索。创新是一个过程，事业的发展过程是不断创新的过程；创新也是一种动力，推动事业遇到困境而不断变革；创新又是一种结果，使得企业成长壮大。中国出版"走出去"任重而道远，对中国出版"走出去"的研究和探索也将持续进行，即不断以新的创新性研究成果推动中国出版"走出去"实现新突破。

第一章 中国出版"走出去"综述

出版媒介是人类文化交流的主要载体,是人们沟通、了解的桥梁。世界出版强国无一例外地把出版作为文化"走出去"的重要载体,作为展示国家形象、提高国际传播能力的有效途径。在文化传播国际化的时代背景下,2003年,我国提出了中国出版"走出去"战略,旨在"以书为媒",促进中外人文交流,增进世界公众对中国文化、历史、政治、经济、社会的了解,展示和塑造我国良好形象,提升我国文化软实力、增强中华文化国际竞争力和影响力。中国出版"走出去"战略实施以来,国家出台了一系列政策措施,大力扶持出版企业"走出去"。十余年来,我国众多出版企业把"让世界了解中国、读懂中国"的责任担在肩头,倾情投入,通过采取多种方式,不断实践探索,着力打造和广泛传播能够承载中国价值观念、表达中国立场主张、讲述中国精彩故事的对外出版产品,为促进中外文明互鉴,营造有利外部环境发挥了积极作用。我国出版业虽然保持了良好发展势头,但在国际业界还比较年轻,资本、渠道、人才、人脉、国际视野、国际经验等方面储备还远远不够。随着国际文化市场需求日益增长,出版业资本和产品全球性流动提速,数字化转型增强,竞争日趋激烈。我国出版业应跟上时代潮流,坚持全球视野,以提质增效为重点,加强"走出去"的谋篇布局、规划设计，整合优势资源，不断提升国际传播能力，实现跨越式发展。

一　国家支持出版"走出去"的政策

我国将中国出版"走出去"纳入中华文化"走出去"总体战略，作为提升国家文化软实力的重要途径加以大力推进。政府从战略规划、政策制定、组织、体制与机制、资金各方面予以支持，陆续出台了一系列相关支持政策和措施。

2006年11月，财政部、新闻出版总署等八部委出台了《关于鼓励和支持文化产品和服务出口的若干政策的通知》，共计十二条：

> 1. 鼓励和支持各种所有制文化企业积极开展、参与和从事文化产品和服务出口业务。对列入《文化产品和服务出口指导目录》的项目和企业，给予相应优惠政策。
>
> 2. 按照"以进带出、进出挂钩"的原则，加强对文化产品进出口的宏观调控，逐步改变对外文化贸易逆差较大的状况。
>
> 3. 支持出版集团公司和具有一定版权输出规模的出版社成立专门针对国外图书市场的出版企业，经批准可配备相应出版资源。出版企业对海外的版权输出，有关部门可以根据实际输出版权数量给予相应的支持和奖励。
>
> 4. 鼓励文化企业通过新设、收购、合作等方式，在境外设立出版社、出版物营销机构等。文化主管部门在资质评估、信息咨询、考察市场等方面给予支持。
>
> 5. 支持出口文化产品和服务的技术创新，鼓励文化企业开发拥有自主知识产权的关键技术和核心技术，加强对文化产品和文化服务的知识产权保护。

6. 中央和省级宣传文化发展专项资金、文化"走出去"专项资金，要奖励开发国际文化市场成绩突出的企业，资助电影和音像制品的翻译、外文配音和字幕的打印制作、重点出口图书的翻译，对参加境外博览会的场馆租金可给予一定补贴。

7. 加大文化产品和服务开拓国际市场的工作力度，通过在境外组织综合性的中国文化产品和服务出口展览会和经贸洽谈活动，或参加综合性的国际服务贸易展览会，扩大中国文化产品和服务的国际影响力，树立良好的国际形象。

8. 研究制定文化产品出口退税政策。对企业在境外提供文化劳务取得的境外收入不征营业税，对企业向境外提供翻译劳务和进行著作权转让而取得的境外收入免征营业税，对在境外已缴纳的所得税款按现行有关规定抵扣。

9. 列入《文化产品和服务出口指导目录》的出口项目和企业，需要银行贷款的，可提出贷款申请，银行要按规定积极给予支持。

10. 充分利用出口信用保险扩大文化产品和服务的出口。

11. 鼓励和支持文化企业在自愿基础上注册成立文化产品和服务进出口商会，整合企业力量，扩大对外宣传，加强行业自律，帮助企业开拓海外文化市场。

12. 对出口规模较大、出口业务增长较快的文化企业，对积极引进我国版权的国外文化机构和企业，对将我国文化产品推向海外市场做出贡献的国内外媒体、中介机构和友好人士，给予相应的表彰和奖励。

2007年3月，国家新闻出版总署颁布了扶持出版"走出去"的八项政策：

1. 对列入"中国图书对外推广计划"或实施"走出去"战略

的出版项目所需要的书号不限量，给予充分保证；

2. 支持重点出版企业申办出口权；

3. 支持出版单位创办外向型外语期刊；

4. 制定"鼓励和扶持文化产品和服务出口的若干政策"的配套文件；

5. 协调国内金融机构提供外向型出版企业、工程项目加快发展的信贷支持；

6. 全力办好国际书展，重点扶持法兰克福、北京、莫斯科、香港等15个国际书展，提供更多的政府资金，打造中国图书推广的平台；

7. 为"中国图书对外推广计划"继续提供资金支持；

8. 适时表彰奖励图书"走出去"取得成绩的出版集团和出版社。

2010年1月，国家新闻出版总署发布《关于进一步推动新闻出版产业发展的指导意见》，将新闻出版产业"走出去"单列作详细阐述：

1. 支持新闻出版企业结合自身优势和特点，生产更多适合境外市场的新闻出版产品，并以多种方式进入海外市场。抓好国家文化重点出口企业和项目相关工作的落实。继续实施"经典中国"国际出版工程、中外图书互译计划、中国音像制品"走出去"工程、中国图书对外推广计划。

2. 支持各种所有制的新闻出版企业到境外投资兴办实体。支持有条件的新闻出版企业，通过新设、收购、合作等方式，到境外建社、办厂、开店，实现新闻出版企业在境外的落地和本土化。

3. 鼓励新闻出版企业与国际著名文化制作、经纪、营销机构合作，建设以欧美、周边国家和港澳台地区为重点的市场营销网络和营销队伍，创新市场营销方式和手段。支持新闻出版企业参加法兰克福国际书展等国际大型展会和文化活动，打造北京国际图书博览会等具有重要影响力的国际出版、版权交易平台。

4. 制定"走出去"总体规划和战略目标，在出版物和版权"走出去"的基础上，实现新闻出版企业"走出去"、品牌"走出去"、资本"走出去"。设立出版物海外推广中心、实施翻译人才库工程。加强信息平台建设，向新闻出版企业及时提供国际出版市场信息。加强对有关国家文化市场和政策环境的研究，帮助新闻出版企业开拓海外市场。

在2010年全国新闻出版工作会议上，原国家新闻出版总署署长柳斌杰提出，要将提高中国出版国际竞争力作为今后十年的行业主攻方向之一。他指出，"要重点扶持一批优势项目、优势品牌和优势企业，特别要着力培育一批具有国际竞争力的外向型出版企业，打造一批具有国际知名度的品牌图书；要重点支持国内出版企业通过融资、合资、合作、参股、收购兼并、企业重组、技术转让等方式在国外兴办出版实体，选择国际合作伙伴，共谋发展；还要细分国际市场，在重点国家和地区力求重点突破，不留空白点"。

此外，2007年，商务部会同中宣部、外交部、文化部、广电总局、新闻出版总署、国务院新闻办等有关部门共同制定了《文化产品和服务出口指导目录》，加大对文化出口重点企业和项目的支持力度，培育一批中国文化出口品牌企业和品牌项目，加快提升文化出口企业的国际竞争力，推动我国文化贸易实现跨越式发展。主要有以下内容。

1. 加大资金支持力度。通过贷款贴息、项目补助、奖励、保费补助等多种方式支持文化出口，支持文化企业在境外参展、宣传推广、培训研讨和境外投标等市场开拓活动，支持重点文化产品的对外翻译制作和出版活动。

2.实行税收优惠政策。对文化企业从事国家鼓励发展的文化项目，进口项目自用且国内不能生产的设备和按照合同随设备进口的技术及配套件、备件，根据有关规定免征关税。

3.提供金融支持。积极改进和完善金融服务。根据文化企业的特点，鼓励和引导银行业金融机构完善信贷管理制度，创新金融产品和服务方式，加强对文化企业的融资支持。

4.提高出口便利化水平。对从事文化出口的销售人员、演出人员，简化因公出境审批手续，实行一次审批、全年有效的办法，并研究出台管理细则。完善文化出口收汇管理，加快企业出口收汇资金结算速度，改进出口收汇核销方式，简化出口核销手续，为文化企业出口收汇开辟"绿色通道"。

5.加强国际营销网络建设。支持并鼓励文化企业参加国家重点支持的文化展会推动文化出口，支持文化企业参加境外演艺交易会、艺术博览会、图书展、影视展、音像展艺术节、双年展、动漫游戏节等国际大型展会和文化活动，进一步扩大文化企业国际影响力。支持文化企业按规定与国际著名文化制作、经纪、营销机构合作，在境外建立文化产品营销网点，逐步形成多渠道、多层次国际市场营销网络。

6.建立并完善文化贸易中介组织。鼓励和支持企业在自愿基础上注册成立文化贸易协会，研究有关国家文化市场和政策环境，充分发挥协会维护会员权益和市场秩序的作用。推动成立全国性的文化产品和服务出口联盟，在商务、文化等各行业主管部门的指导下，整合企业力量，扩大对外宣传，加强行业自律，提供法律咨询和信息服务，帮助企业开拓海外文化市场。

7.支持企业赴境外投资。鼓励企业通过新设、收购、合作等方式，在境外收购剧场，设立演艺经纪公司、艺术品经营机构、出版社、报刊社、广播电视网、出版物营销机构等，商务主管部门在境外投资促进、扶持、保障、服务、核准等方面提供便利。支持广播电视在境外落地，鼓励在境外购买媒体播出时段和报刊版面、开办广播电视频率频道、开展对外劳务合作，行业主管部门在资质评估、信息咨询、考察市场等方面给予支持。

8.支持技术创新。鼓励企业增加研发投入，积极开发具有自主知识产权的关键技术和核心技术。加强对文化产品和文化服务的知识产权保护。支持文化企业引进用于文化产品和服务创新的先进技术和设备，同时提升消化、吸收和再创新的能力。

9.加强信息平台建设。加强文化贸易信息平台建设，做好文化出口重点地区、重点行业、重点商品、重点企业及文化出口收汇的统计分析，向文化企业及时提供国际文化市场信息，为文化企业走向国际市场创造条件。

10.建立表彰奖励机制。对文化出口规模较大、出口业务增长较快，特别是在传播中国主流文化方面做出突出业绩的文化企业，对积极引进我国版权的国外文化机构和企业，对为我国文化开拓国际市场做出贡献的国内外媒体、中介机构和友好人士，给予相应的表彰和奖励。

国家新闻出版总署在推进中国出版"走出去"工作中，明确了以下基本原则：坚持以社会效益为主，经济效益与社会效益相统一的原则；坚持以政府为主导、企业为主体、市场化运作的运行体制；坚持政策扶持、项目带动、平台支撑的运行机制；坚持科技带动，不断提升新闻出版"走出去"的科技含量；坚持多元并举，鼓励各种所有制企业积极参与；坚持"以进带出"，加强对新闻出版产品进出口的宏观调控；坚持差异化战略，根据不同国家和地区的不同文化需求，采取不同的策略和方式；坚持以人为本，最大限度地发挥新闻出版工作者的积极性、主动性和创造性。

中国出版"走出去"是国内政府主管部门与出版企业共同完成推动出版物走向国际图书市场的一项系统工程，是国家文化"走出去"战略的组成部分。在中国出版"走出去"战略实施过程中，"国家主导，企业主体，市场运作，社会参与"的中国出版"走出去"工作指导方针逐步完善。政府层面主要是制定战略，通过采取系列措施，为出版企业"走出去"指引方向并搭建平台；企业层面主要是利用自身资源优势和竞争优势，把图书产品通过不同形式、不同渠道推向国际图书市场。

二 国家支持出版"走出去"工程

为推动中国出版"走出去"战略的实施，政府相关部门先后提出并组织实施了一系列主题鲜明的出版国际化工程，如中国图书对外推广计划、经典中国国际出版工程、中外图书互译计划、中国出版物国际营销渠道拓展工程、重点新闻出版企业海外发展扶持计划、边疆新闻出版业"走出去"扶持计划、图书版权输出普遍奖励计划、丝路书香出版工程等。这些出版工程充分发挥带动引领作用，资助了大批体现国家意志、反映时代风貌、适合国际传播的图书著作翻译出版。其中中国对外推广计划、中国文化著作翻译出版工程、经典中国国际出版工程、丝路书香出版工程为主要"走出去"重点工程项目。

1. 中国图书对外推广计划

2004年下半年，国务院新闻办公室与国家新闻出版总署联合启动了"中国图书对外推广计划"。2006年1月国务院新闻办公室与国家新闻出版总署在京联合成立了"中国图书对外推广计划"工作小组。目前，对外推广工作小组成员单位拥有包括中国出版集团、中国国际出版集团、中国科学出版集团、北京出版社出版集团、上海世纪出版集团、广东出版集团有限公司、山东出版集团、湖南出版投资控股集团、辽宁出版集团、重庆出版集团、凤凰出版传媒集团、四川出版集团、浙江出版联合集团、吉林出版集团、北京大学出版社、清华大学出版社、外语教学与研究出版社、北京语言大学出版社、五洲传播出版社、新闻出版总署信息中心等国内知名出版机构在内的38家成员单位。

"中国图书对外推广计划"于2006年被纳入《国家"十一五"时期文化发展规划纲要》重大文化工程，是我国最早实施的推动中国图书走向世界的推广计划。"中国图书对外推广计划"以"向世界说明中国，让世界各国人民更完整、更真实地了解中国"为宗旨，以资助出版中国的图书和向国外图书馆赠送图书为手段，力图打造图书版权贸易出口和实物出口两个平台，实现连通中国与世界的目标。"中国图书对外推广计划"工作小组实行综合考核制度，每年对各成员单位的图书版权输出、推介等"走出去"工作实行综合考评，对表现优异的出版机构进行表彰。对外推广工作小组每年出版《"中国图书对外推广计划"推荐书目》，利用书展、媒体、网站、杂志等各种渠道向国内外出版机构介绍推荐图书。至今，"中国图书对外推广计划"已经跨越了十三个年头，十三年来，对外推广工作小组成员单位从20家增加到38家；成员单位版权输出总量从1132项增长到4852项，增幅超4倍。据统计，"中国图书对外推广计划"共与美国、英国、法国、德国，荷兰、俄罗斯、澳大利亚、日本、韩国、越南、巴西、南非、阿联酋等72个国家的603家出版机构达成资助协议2676项，涉及2973种图书，47个文版。

2. 中国文化著作翻译出版工程

"中国文化著作翻译出版工程"是"中国图书对外推广计划"的加强版，以资助系列产品为主，如文化、文学、科技、国情等为主要内容的图书,不仅可以资助翻译费用,还可申请资助出版及推广费用,与"中国图书对外推广计划"相互配合,互为补充。据统计,"中国文化著作翻译出版工程"已和25个国家的61家出版机构签订资助协议101项,涉及1062种图书,16个文版。

十三年来,"中国图书对外推广计划"和"中国文化著作翻译出版工程"资助了数百家国外出版机构在海外出版中国主题图书,受资助项目的外方合作出版机构多为世界知名出版单位,包括英国剑桥大学出版社、英国牛津大学出版社、英国查思出版公司、企鹅出版集团、法国伽利玛出版社、法国阿歇特出版集团、德国施普林格·自然集团、美国西蒙&舒斯特出版公司、美国约翰威立出版公司、新加坡圣智学习集团、意大利Rizzolli、荷兰博睿学术出版社、荷兰爱思唯尔集团、荷兰威科集团、维也纳大学孔子学院,等等。

3. 经典中国国际出版工程

"经典中国国际出版工程"是国家新闻出版总署为鼓励和支持适合国外市场需求的外向型优秀图书选题的出版,有效推动中国图书"走出去"的一项重点骨干工程,于2009年10月启动实施。"经典中国国际出版工程"采用项目管理方式资助外向型优秀图书选题的翻译和出版,重点资助《中国学术名著系列》和《名家名译系列》图书。据统计,截至2018年底,"经典中国国际出版工程"共资助3000多种图书在42个国家翻译出版。

4. 丝路书香出版工程

"丝路书香出版工程"是中国新闻出版业唯一进入国家"一带一路"倡议的重大项目,是国家"一带一路"发展战略的组成部分,于2014年12月5日正式获得中宣部批准立项,规划设计到2020年。其中,2014—2015年重点项目包括5大类8项,涵盖了丝路国家图书互译项目、汉语教材推广项目、境外参展项目、出版物数据库推广项目等多种与图书出版相关的项目，旨在推动我国图书"走出去"。2014—2018年，共有36家出版单位参与丝路书香工程企业类项目58项，涉及汉语教材推广、重点图书展会、数字出版产品、国际营销渠道、人才培养项目、出版本土化、国际合作出版7大类别。"丝路书香出版工程"针对"一带一路"相关国家翻译出版我国优秀作品，自2015年实施以来，资助项目语种已经从最初的30个增加到2018年的42个，4年间增加了40%，截至目前已资助1200多种优秀图书多语种，尤其是小语种翻译出版。

三 中国出版"走出去"战略实施以来取得的成效

经过十余年的探索和实践，中国出版"走出去"形成了以下几种有效模式：一是版权输出，也是中国出版"走出去"的主要模式；二是国内出版物实物出口；三是与国外出版机构合作出版；四是资本"走出去"，即采取独立、兼并或合作等模式在海外设立分支机构。出版企业可以根据自身的出版特色和资源优势选择适合自己的"走出去"模式。在历经了十几年的不懈努力之后，中国出版企业"走出去"已经取得了令人瞩目的成绩。

1. 版权输出与实物出口逐年增长

根据中国新闻出版网的数据：2012—2016年，全国实现版权输出5万多种（次），版权引进输出比由2012年的1.88∶1缩小到2016年的1.55∶1。其中，出版物版权输出由2012年的7568种增长到2016年的9811种，增长近30%。实物出口规模不断增长，2016年实物出口2236万册，金额1.1亿美元，与2012年相比，总量增加145万册，金额增加1536万美元。国家新闻出版署最新发布的《2017年新闻出版产业分析报告》和《2018年新闻出版产业分析报告》显示，2017年全国输出出版物版权12651项，包括图书10670项，音像制品424项，电子出版物1557项；输出出版物版权较2016年增长29.0%；2017年全国累计出口图书、期刊、报纸、音像制品，电子出版物、数字出版物（不含游戏）2178.6万册，较2017年降低0.2%；金额10764.9万美元，降低2.2%。2018年全国输出出版物版权11830项，包括图书10873项，音像制品214项，电子出版物743项；图书版权输出较2017年增长1.9%。全国累计出口图书、期刊、报纸、音像制品，电子出版物、数字出版物（不含游戏）1701.4万册，较2017年降低21.9%；金额10092.6万美元，降低6.3%。虽然2018年全国出版物实物出口数量和金额较2017年有所降低，但从2012年至2018年的总体情况来看，全国出版物出口和版权输出总量保持增长，显示了我国出版业对外发展水平的不断提升。

在"一带一路"倡议的影响下，我国越来越注重对"一带一路"沿线国家的版权输出与出版物实物出口，版权输出的数量持续增长。根据中国新闻出版研究院公布的数据，我国与"一带一路"相关国家的出版贸易数量逐步增加。2016—2018年，我国与"一带一路"相关国家签订版权贸易协议从3808项增加到7100余项，三年间增加约3300项，增幅达到86.5%。三年间，我国与"一带一路"相关国家签订的版权合同数量呈现顺差，2016年，我国向"一带一路"相关国家输出版权3222项，从相关国家引进版权586项，输出引进比为5.5∶1；2018年，输出和引进数据分别为5921项和118项，输出引进比近5∶1，远远优于全国整体版权输出引进1∶1.3的比例状况。2018年，我国出版企业对"一带一路"沿线国家和地区的版权输出数量在整体版权输出数量中所占比重已超55%。同时，我国出版企业向"一带一路"沿线国家输出的产品形态也日益丰富，从过去单一的图书、期刊拓展到报纸、音像电子、数字等多种形态。

随着图书"走出去"成果越来越丰硕，国际品牌产品日益涌现，输出语种日趋丰富，我国图书产品的国际影响力显著提升。江苏凤凰出版传媒集团出版的《青铜葵花》已实现了英、法、德、意、日、韩等14个文种的出版，版权输出到50多个国家，摘得"中国版权金奖""英国笔会奖""麦石儿童文学翻译作品奖"等奖项，该书美国版还登上《纽约时报》2017年最佳童书榜；江苏凤凰传媒集团出版的《后知后觉》输出到越南国家政治出版社，被列为越南党政干部必读书；生活·读书·新知三联书店出版的《中华文明的核心价值》输出俄语、哈萨克语等20个语种；中国人民大学出版社出版的《大国的责任》输出英语、韩语等11个语种；北京语言大学出版社出版的《新实用汉语课本》被海外2000多所大学使用，是国外大学使用最广泛的汉语教材，销量超过160万册，位列亚马逊中文类畅销图书排行榜第七位；北京语言大学出版社出版的《汉语会话301句》版权输出到法国、日本、韩国等8个国家，是世界销量第一的汉语教材，销量超过200万册；北京语言大学出版社出版的《轻松学中文》是适合欧美国家的优秀中小学汉语教材，销量达到84万册；北京大学出版社的输出品种虽以汉语教材和学术图书为主，但累计输出项目数量持续增长，输出语种涉及英、法、德、俄、阿、韩、日、越南、塞尔维亚、哈萨克文10种。如今，中国图书海外销售渠道已覆盖全球、多点开花。亚马逊"中国书店"在线品种67.3万种，海外发货37万册；"中国书架"已在埃及、阿联酋主流书店落户3家，即将落地美国巴诺书店；尼山书屋海外落地27家。

2. 中外合作出版持续发展

中外合作出版是我国出版企业"借船出海"，推动图书进入外国主流社会渠道的有效方式。随着出版"走出去"的深入，我国出版企业普遍把合作出版摆在突出位置，加大资源资金投入，采取有力有效举措，与国外出版机构开展广泛的出版合作，通过中外联合策划选题、译介中国图书等，拓展海外平台，为本土化运作奠定基础。比如，上海世纪出版集团通过在美国的合资公司——双世出版公司，直接面向海外出版外文图书，并与拉加代尔集团结成了战略合作伙伴关系，通过其在北美、欧洲、亚洲和大洋洲等地区的销售网络，在国际主流销售渠道、国际华文书店销售网络、重要国际网络书店三方面均有所突破；吉林出版集团与美国哈珀·科林斯出版集团、德国汉斯出版社合作出版了由未来学大师约翰·奈斯比特所著的《中国大趋势》；北京大学出版社与剑桥大学出版社合作出版了《中华文明史》四卷；浙江大学出版社与施普林格·自然集团合作出版《中国科技进展》丛书；接力出版社与哈珀·柯林斯出版集团合作出版杨红樱畅销儿童小说系列《淘气包马小跳》英文版；人民卫生出版社与瑞士国际传统医学文化和健康管理研究院合作出版法文和德文版图书；中国青年出版社研发的"中国艺术在线—中国文化艺术国际传播数据库"与英国布鲁姆斯伯里出版集团达成国际营销合作协议，等等。"中国图书对外推广计划"和"中国文化著作翻译出版工程"推动了我国出版企业与数百家国外出版机构合作在海外出版中国主题图书，而随着越来越多的国家加入"一带一路"倡议，我国与相关国家开展合作的积极性不断提升。2018年，我国已与83个国家开展图书版权贸易，合作国家遍及亚洲、欧洲、非洲、大洋洲、北美洲和南美洲，占与我国签署共建"一带一路"合作文件国家总量的近三分之二。

3. 资本"走出去"方兴未艾

由产品"走出去"向资本"走出去"是提升我国文化软实力、增强中华文化国际竞争力和影响力的必然要求，是积极利用"两种资源，两个市场"，提高企业抗风险能力的现实需要。随着我国与世界各国出版合作的领域和空间持续拓展，国内已经有多家出版集团、出版社在不断开拓通过资本走入国际市场、与海外同行合作的新路径，从最初的版权输出、实物出口向海外并购、设立分社或国际编辑部拓展，探索本土化运作和资本运营。据统计，目前我国出版企业已在世界 70 多个国家设立 400 多个分社、国际编辑部、实体书店等分支机构，通过深耕当地市场和开展本土化运营，形成了多元化、立体化的合作格局和合作模式，海外布局初具规模，本土化战略持续推进，国际传播能力得到加强。

我国出版企业设立海外分支机构案例如下。

◎ 2007 年，中国青年出版总社在英国伦敦注册成立国际出版传媒有限公司。

◎ 2008 年，人民卫生出版社投资 500 万美元成立美国有限责任公司。同年，人民卫生出版社收购了加拿大 BC 戴克出版公司的全部医学图书资产，开中国出版社海外兼并之先河。

◎ 2009 年，中国国际出版集团创建"华语教学出版社伦敦分社"。

◎ 2011 年，上海世纪出版集团在美国建立 SCPG 独资出版社，并与国际著名出版公司 World Scientific 在美国合资成立 World Century 出版公司。

◎ 2011 年，北京语言大学出版社在美国芝加哥注册成立"北京语言大学出版社北美分社——PHOENIX TREE PUBLISHING INC."，2012 年 9 月正式运营，2016 年实现盈利。

◎ 2011 年，浙江出版联合集团有限公司在日本开办东京分社。

◎ 2012 年，中国出版集团在法国巴黎、澳大利亚悉尼与当地出版社成立了合资出版社；在美国与当地出版社合资创办了长河出版社，并收购了法国百周年出版社。2018 年中国出版集团又在秘鲁利马成立了国际编辑部。

◎ 2014年，江苏凤凰教育出版社有限公司以8500万美元收购美国出版国际有限公司（PIL）及其相关产业，收购的资产与业务分布美、欧、亚、澳四大洲7个国家。这是中国出版行业有史以来最大的一次跨国并购。

◎ 2014年，广西师范大学出版社以200万美元收购了澳大利亚的视觉出版集团。

◎ 2015年，浙江少年儿童出版社收购了澳大利亚的新前沿出版社。

◎ 2015年，接力出版社与埃及智慧宫文化投资出版公司合资成立接力社埃及分社。

◎ 2015年，安徽少年儿童出版社与黎巴嫩数字未来公司成立合资公司。

◎ 2015年，安徽美术出版社与澳大利亚ATF出版社共同成立时代亚澳公司。

◎ 2016年，中国人民大学出版社创办以色列分社。

◎ 2016年，中国社会科学出版社成立智利分社，2017年又在法国波尔多建立分社。

◎ 2017年，五洲传播出版社在阿联酋成立国际编辑部。

◎ 2017年，外语教学与研究出版社成立保加利亚中国主题图书编辑部，2018年又分别在波兰、匈牙利、法国成立了三个中国主题图书编辑部。

◎ 2018年，浙江大学出版社在意大利创建分社，与俄罗斯当代出版社合作成立"俄罗斯联合编辑室"。

◎ 2018年，北京师范大学出版集团与巴西知名学术出版社东进出版社共同成立选题研发中心。

此外，中国外文局与美国、英国、德国、法国、西班牙等国家知名出版机构新近成立23家"中国主题图书海外编辑部"，中国科学出版社成立东京株式会社，社会科学文献出版社与俄罗斯科学院涅斯托尔出版社合资成立分社，中国青年出版社和英国布卢姆斯伯利出版公司在伦敦合作成立中国国际出版中心，中国出版传媒股份有限公司旗下中译出版社、中国大百科全书出版社、商务印书馆、中国民主法制出版社先后与13家海外出版商签订了成立20个国际编辑部的合作协议，等等。出版企业通过并购、合资、独资等方式在海外成立分支机构，有利于直接吸收国外经验并进行全球布局，使得"走出去"方式更加快捷，效果更加明显。资本"走出去"正成为中国出版企业迅速切入市场、进行国际化布局的重要方式之一。

中国出版"走出去"战略实施以来，中国出版企业的世界影响力正在逐步增强。据媒体报道，法国《图书周刊》、美国《出版商周刊》、英国《书商》、德国《图书商报》等机构联合发布的《全球出版企业排名报告》显示，2016年度全球出版企业50强中，中南出版传媒集团、凤凰出版传媒集团、中国出版集团、浙江出版联合集团、中国教育出版传媒集团分列第6、7、18、20位。亚洲经济发展协会等单位联合发布的"2016亚洲品牌500强"中，中国出版集团榜上有名。此外，在《2013中国图书世界馆藏影响力报告》中，中国出版集团所属中华书局在海外图书馆的馆藏数排第1位，人民文学出版社排第3位，商务印书馆排第11位，生活·读书·新知三联书店、大百科出版社、人民美术出版社、华文出版社也都进入了前100名。在由伦敦书展和英国出版协会共同主办的"国际卓越奖"评选中，中国图书进出口公司和接力出版社分别摘取"市场焦点成就奖"和"国际儿童及青少年出版商卓越奖"，这是国内出版机构首次获得这两个奖项。此外，2015年，我国正式加入国际出版商协会。中国出版业在国际儿童读物联盟、国际安徒生奖评委会等国际出版组织中的话语权逐步增强，有了中国执委、评委等。

四 "走出去"图书出版形成五大方阵

1. 主题图书出版方阵

主题出版是向世界讲好中国故事、传播中国声音的重要手段，也是出版"走出去"工作的一项重要优势。我国出版企业担负着向世界阐释中国的重大举措、解疑释惑的重要任务，党的十八大以来，积极而有针对性地向世界推出了一批富有吸引力、感染力和影响力的介绍当代中国发展道路、发展成就、发展理念的主题出版物，在海外产生了重大影响，取得了丰硕的成果。

根据"中国图书对外推广计划"工作会议资料，中国国际出版集团出版的《习近平谈治国理政》，截至2016年年底已输出22个语种24个文版，发行到世界160多个国家和地区，总发行量达到642万册，创改革开放以来中国国家领导人著作对外出版的最新发行纪录；中国出版集团出版的《习近平讲故事》《习近平用典》输出到哈萨克斯坦、保加利亚、土耳其等国家，《中华文明的核心价值》《中国道路与混合所有制经济》《中国道路与跨越中等收入陷阱》《法治秩序的建构》《中国法学史纲》等一批反映我国政治经济生活面貌的政治类图书和学术著作也达成了多个语种的版权输出协议；人民出版社出版的《习近平讲故事》截至2018年年底已完成了16个语种的版权输出签约，创该社单本图书版权输出语种数量的新高。该社推出的《以习近平同志为核心的党中央治国理政新理念新思想新战略》阿文版在摩洛哥获得媒体广泛关注和高度肯定，该社出版的《习近平改革开放思想研究》《邓小平文集》（3卷本）和《握手风云——毛泽东与国际政要》《改革开放元勋画传》《中国经济新常态》《论新常态》《中国发展研究论》等也实现了版权输出；中国外文局编译、出版、发行了《习近平谈治国理政》多语种图书，与法国拉加代尔公司、美国巴诺书店、美国发行代理公司TUTTLE和亚太发行代理公司BERKELEY进行了积极合作；中国少年儿童新闻出版总社成功实现了《习近平讲故事（少年版）》俄语、德语、塞尔维亚语、蒙古语、日语、僧伽罗语等多语种输出；上海交通大学出版社出版的《平易近人——习近平的语言力量》已输出英语、日语、韩语、阿拉伯语等多语种版权，英文版海外销售达3万册；新世界出版社出版的《历史的轨迹：中国共产党为什么能》出版了10多个语种；中央编译出版社与新加坡世界科学出版社合作推出《梦想与现实——中国改革的新阶段》，以另一种形式对中国道路和中国改革进行对外传播；中国人民大学出版社在国际市场推出了《中国大视野：国际热点问题透视》《国际关注中国声音》等重大主题图书，与日本出版机构合作出版了《战略问题三十篇：中国对外战略思考》《正见民声——跨越50年的代际交流》等；南方出版传媒出版的《中国梦是什么》输出了英文、韩文、印尼文和越南文版，《中国共产党指导思想发展史》（3卷）输出了英文、印尼文和越南文版；商务印书馆出版的讲述中国发展故事的《中国道路》系列丛书和"农民三部曲"纸质图书和电子图书均已通过施普林格·自然集团进入国际主流学术渠道。

今后一段时期，主题出版将着重于以下9个方面的外向型图书：一是翻译出版一批深入宣传阐释习近平总书记系列重要讲话精神的图书；二是翻译出版一批深入阐释党中央治国理政新理念新思想新战略的图书；三是翻译出版一批讲述中国特色社会主义和中国共产党的图书；四是翻译出版一批讲述中国梦的图书；五是翻译出版一批讲述中国人民自己故事的图书；六是翻译出版一批讲述改革开放和中国经济发展新常态的图书；七是翻译出版一批讲述"一带一路"和中国和平发展的图书；八是翻译出版一批讲述社会发展进步的图书；九是翻译出版一批讲述中国优秀文化和哲学社会科学发展成就的图书。根据上述九个方面，出版企业应加强对重大主题图书选题策划、组织撰写、版权输出的研究，准确把握出版内容，贴近行业趋势和受众需求，充分调动国内专家学者和国外知名人士的积极性，选择权威作者，制作出真正能够产生国际影响力的精品出版物，增进国际社会对我国发展道路、理论体系和制度的正确认知和理解。

2. 对外教育图书出版方阵

对外教育图书出版方阵以国际汉语教材出版为主要代表。中国图书版权输出难，多年来一直是困扰中国出版业的一个难题，而国际汉语教材版权输出的异军突起，为中国图书版权输出打开了一个突破口，成为中国图书"走出去"的重要形式，在全国图书版权输出和实物出口中占了较大的比例，开辟了中国图书"走出去"的特色领域。

以出版国际汉语教材为主要特色的北京语言大学出版社（以下简称"北语社"），是国际汉语教材出版和"走出去"的重镇，累计出版汉语教材3000余种，占世界汉语教材的1/3左右，版权输出总数累计为2300余种，实物出口额保持在年均3000万元人民币左右，北语社出版的汉语教材遍布世界各地。北语社与美国波特兰州政府合作的本土化教材《沉浸式小学中文》成功进入北美国民教育体系；北语社与泰国教育部职业教育委员会达成定制使用汉语教材协议，《天天汉语——泰国中学课本》已在20所泰国职业院校试用。此外，北语社通过远程在线直播服务及社交网络群，打通海外消费者端的通路和渠道，在东南亚、东亚、欧洲新增了十余个线上线下销售和传播渠道，年度出口份额迅猛增长。2018年，该社利用在线直播平台，共组织10余场大型线上培训，辐射18个国家及地区的数千名教师。"只要有学汉语的地方，就有北语社的汉语教材"已成为现实。除北语社外，北京大学出版社、华语教学出版社、高等教育出版社等也是主要的汉语教材出版单位，其中高等教育出版社推出的"体验汉语中小学系列教材"在泰国已累计销售400万册，每年有来自1200多所中小学的近60万名泰国学生在使用该教材。

对外教育出版的另一领域是外国中小学教材的研发出版。例如，上海世纪出版集团与哈珀·柯林斯出版集团签约，授权英方翻译出版上海一年级至六年级数学教材英文版，该套教材集上海教育综合改革之大成，被英国教育界誉为"世界领先的数学教程"，英国部分小学自2018年起陆续使用，标志着我国基础教材已开始成系统、大规模进入欧美国家的国民教育体系；中文天地出版传媒集团与加拿大电讯路出版社，针对北美国家K-12教育大纲共同策划出版了"年级教室"系列教材，已经进入加拿大、美国各大主流销售渠道；中南出版传媒集团承接我国首个文化援外项目——南苏丹教育技术援助项目，涵盖教育规划、教材开发、教师培训、教材印刷等模块，深度参与该国教育体系建设，为我面向南苏丹开展人文交流合作搭建了一个长期稳定的立体化平台，等等。

3. 学术出版方阵

学术出版作为学术研究成果的表现形式，是知识传播和思想传承的重要载体。国内众多出版企业积极致力于学术出版"走出去"，与国外知名的学术机构开展合作，吸收和借鉴国外知名出版社的国际化运作经验，创新学术出版"走出去"模式，推动了一大批学术著作"走出去"，在国际上产生了重要影响。

根据"中国图书对外推广计划"工作会议资料，中国社会科学出版社同德国施普林格·自然集团、泰勒-弗朗西斯出版集团等国际知名出版机构积极合作，不断发力，目前已形成"理解中国""中国制度""简明中国""当代中国学术思想史"4大系列14个语种的出版矩阵，在海外产生了很大反响。2019年，由中国社会科学出版社出版的《习近平新时代中国特色社会主义思想学习丛书》成功签约英文、韩文、孟加拉文、尼泊尔文、印地文等五个文种。中国社会科学出版社和英国罗德里奇出版社共同策划的《"一带一路"手册》是全球首部以"一带一路"倡议为主要内容的百科读本，该书英文版已于2019年

6月在海外出版发行，并成功在剑桥大学举行了新书发布暨专家座谈会。2018年发布的《中国图书海外馆藏影响力研究报告（2017年版）》显示，中国社会科学出版社海外馆藏影响力在全国600多家出版社中排名第一，成为中国学术"走出去"的中坚力量。社会科学文献出版社与德国施普林格·自然集团合作出版了"中国梦与中国发展道路研究"系列，与荷兰博睿学术出版社合作出版了"全面深化改革书系"，与罗德里奇出版社合作了"2030年可持续发展的转型议程：全球视野与中国经验"。社会科学文献出版社编纂出版的《改革开放研究丛书（1978~2018）》，根据海外需求启动英、俄文版的同步改稿，与荷兰博睿学术出版社、施普林格·自然集团、俄罗斯涅斯托尔出版社达成版权输出协议。北京大学出版社输出版权、哈萨克斯坦东方文学与艺术出版社出版的哈萨克文版《丝绸之路考古十五讲》，在第三届欧亚国际图书展览会的图书评选中获三等奖；该社输出版权、俄罗斯尚斯国际出版社出版的《解读中国经济（增订本）》俄文版，荣获2017年度俄罗斯联邦工商经济委员会颁发的荣誉证书。中国人民大学出版社的《中国：创新绿色发展》日文版出版后，日本国会以日本生态协会国际论坛的名义特别邀请作者胡鞍钢赴日向日本全体参众议员做演讲，向日本决策层传递了以习近平总书记为核心的新一届中国政府的治国理政之道。中国人民大学出版社组织中外专家学者、出版社就国际关注的中国问题进行研究，遴选出最受关注的选题，并邀请国际知名的专家学者撰写，策划出版了《人民币读本》《大国的责任》《中国之路》《中国的转型》等具有影响力的图书。

浙江大学出版社推出的《中国科技进展》丛书为两院院士、长江学者和国家杰出青年基金获得者的最新高端原创研究成果。2006年，浙江大学出版社与全球最大的科技出版集团德国施普林格·自然集团达成战略性合作，共同出资建立国内出版界第一个跨国科技出版基金。《中国科技进展》丛书由中国科学家用英文撰写，由中德两家出版社联合出版，面向全球发行。浙江大学出版社先后与 20 多位院士和科学家签订出版协议，计划 5 年内组织出版原创性科技图书 100 种，全部进入西方高端读者群。目前确定的选题有 70 个。浙江大学出版社与施普林格·自然集团共同出资设立跨国科学出版基金，资助中国科学家出版自己的著作，成为解决国际出版合作难题的重要方式。中国科技出版集团建立了 EES 平台和材料期刊网，推动《中国科学》《科学通报》与施普林格·自然集团合作，海外销售收入大幅增长；中国科技出版集团与牛津大学出版社合作出版的《国家科学评论》2016 年 SCI 影响因子突破 8.0，位列国际同类期刊第 5 名。高等教育出版社以国家科学发展的重点领域和经济建设迫切需要的科学技术为主要选题领域，重点打造了"当代科技前沿专著系列"，涉及信息科学、生命科学、环境科学与地学、电子与通信、数学、物理等领域，德国施普林格·自然集团持续购买该系列图书版权。清华大学出版社积极探索英文版学术期刊的出版发行，目前已拥有 13 种英文期刊，其中 6 种被 SCI 收录。上海交通大学出版社与爱思唯尔出版集团合作，将其数百种精品科技专著投放到爱思唯尔数字出版平台上，供科研人员下载使用。上海交通大学出版社还资助翻译一批重大科技创新和自主创新成果的出版物，特别是重点资助了屠呦呦著作《青蒿及青蒿素类药物》和"大飞机出版工程"等国家尖端科技项目的对外翻译出版，将中国科技创新成果及时推向国际。

中国人民大学出版社发起成立的"一带一路"学术出版联盟已经走过 3 个年头，目前联盟成员已发展到 300 家，遍及五大洲 56 个国家，涵盖出版商、学术机构、智库和专业团体，出版范围覆盖大部分学科。近年来，联盟成员间在中国内容图书的合作出版方面十分活跃，签约量近 1500 种，大部分图书在译介出版后进入海外主流渠道和重要馆藏。

4. 少儿图书出版方阵

随着少儿出版的对外开放，中国已成为全球规模最大、成长最快的少儿出版市场。中国少儿出版由引进借鉴为主转向"引进来"和"走出去"共同发展，正逐渐成为世界少儿出版格局中的重要力量。相对于专业出版、教育出版和大众出版等其他门类，少儿图书图文并茂、浅显易懂，翻译相对容易，且文化壁垒相对较低，更容易实现版权输出，已成为世界各国青少年读者了解中国的重要窗口，起着出版"走出去"排头兵的作用。在国际儿童读物联盟（IBBY）组织下，国内少儿出版机构利用德国法兰克福书展、意大利博洛尼亚童书展等平台，逐步推动少儿读物"走出去"。根据《中国出版年鉴》公布的数据，少儿图书版权引进输出比从2005年起逐年下降，2015年已经降至1.9∶1。中国少儿出版对外合作方式也逐渐从单一产品"走出去"，迈向产品、项目、资本、文化等多种模式并行阶段，中国少儿图书版权输出的品种越来越多，影响也越来越大。以中国少年儿童新闻出版总社、安徽少年儿童出版社和江苏凤凰少年儿童出版社为代表的中国少儿出版机构，坚持国内国际两个市场并重、两种资源并用，坚持"走出去""引进来"两种战略并举，以博洛尼亚国际童书展作为推进国际化出版的重要平台，积极开展版权贸易和国际合作，近几年来，中国少儿出版版权输出、合作出版、海外并购联营等动作频频，在推动中国少儿图书"走出去"工作中取得了突出的业绩。

  中国少年儿童新闻出版总社在着力提升原创出版能力的基础上，积极拓展海外合作渠道，版权输出地由周边国家和地区拓展到欧美、中东等50多个国家和地区，目前已输出英语、德语、韩语、西班牙语等21个语种，授权区域覆盖美国、英国、德国、韩国、马来西亚等30多个国家和地区。其中《羽毛》版权输出美国、法国、瑞典、丹麦、荷兰、日本、伊朗等11个国家和地区；《外婆住在香水村》版权输出美国、英国、德国、加拿大、澳大利亚、阿拉伯语地区、越南等14个国家和地区；《爷爷的打火匣》版权输出瑞典、日本、法国、韩国、德国、马来西亚等9个国家和地区；特别是《伟大也要有人懂》系列主题出版物，成功输出美国、荷兰、意大利，进入欧美主流市场，产生了较大的国际影响。

根据"中国图书对外推广计划"工作会议资料，江苏凤凰少年儿童出版社出版的中国首位国际安徒生儿童文学奖得主曹文轩的《青铜葵花》，截至2019年5月已实现14国版权输出，实现多语种多地区授权。这也是凤凰传媒历史上输出语种最多的一部图书；该出版社出版的曹文轩的《蜻蜓眼》《草房子》也实现了多语种多地区授权，形成了巨大的社会影响；中国少年儿童出版社出版的《十万个为什么》（第六版）版权输出到越南、马来西亚，其越南语版首版印刷2000套、36000册，从2015年4月第一本面世到2017年2月全18册陆续出版完成，不到两年的时间内就销售了24000余册，成为越南名副其实的畅销书；浙江少年儿童出版社2015年全资收购了澳大利亚新前沿出版社（New Frontier Publishing）之后，出版的图书在国际市场上的版权输出有40多种，涉猎的地区从北美、南美，到俄罗斯，到土耳其；2015年接力出版社与埃及大学出版社、埃及智慧宫文化出版公司合作创办了接力出版社埃及分社，已经出版了26种阿拉伯语版图书。安徽少年儿童出版社出版的《最好听的睡前故事》（4册）在2006年输出越南文版权，实现了向非华文地区输出版权的历史性突破；玩具书"好好玩泡泡书"系列实现了向黎巴嫩、阿联酋等阿拉伯国家的输出；玩具书"我的第一本早教塑料书"系列版权输出叙利亚；2014年，安徽少年儿童出版社获得国际儿童读物联盟（IBBY）唯一官方授权，出版了全球儿童文学最高奖项"国际安徒生奖"书系。"十二五"期间，安徽少年儿童出版社共引进版权646项，输出版权715项。目前，安徽少年儿童出版社已经与15个"一带一路"沿线国家开展合作，版权输出项目达300多种。

由安徽少年儿童出版社发起成立的"丝路童书国际合作联盟"，以"搭平台、强合作、促交流、铸品牌"为主旨，通过全局规划、资源整合，在"一带一路"的平台上构建产业链，发挥丝路沿线合作伙伴的资源、市场互补优势，促进双向投资和多元贸易，实现合作共赢。"丝路童书国际合作联盟"通过童书讲述丝路故事、合作沟通丝路文化、开展多层面、全方位、立体化的交流与合作活动，打造集商业和文化于一体的儿童文化产业平台，建设中国少儿出版在"一带一路"的标志性工程。

5. 以文化、文学类图书出版为主的大众出版方阵

这个方阵的目标群体是海外大众读者，对外出版规模最大，涉及面也最广，从"走出去"初期大量的中国优秀传统文化、中国古典文学，如《论语》《道德经》、"四大名著"等图书的翻译出版，逐步转向反映中国当代文化、当代社会发展和当代老百姓生活等文化、文学类图书出版，一批中国当代优秀作家和优秀作品脱颖而出，受到越来越多外国读者的喜爱，产生越来越大的国际影响。

根据相关报道，中华书局出版的于丹《论语心得》输出了28个语种、33个版本，并与英国麦克米伦公司签订《论语心得》全球英文版版权销售协议，海外销售总量36万册，版税收益200多万元人民币；人民文学出版社出版的《山楂树之恋》版权输出到挪威、瑞典、韩国、泰国、英国、加拿大、意大利等17个国家和地区；长江文艺出版社出版的《狼图腾》以110万美元售出25种文字版权，全球销量15万册；重庆出版集团出版的科幻作家刘慈欣的《三体》获雨果奖最佳长篇小说奖，入选《卫报》"2015年度图书之最佳科幻奇幻小说"图书榜，其英文版在全球的累计销量已超过11万册；北京十月文艺出版社出版的麦家的《解密》在西班牙出版首印3万册，不到一年时间全部售出，在阿根廷更是登上畅销书榜首，还进入了《经济学人》年度全球十大畅销书；浙江出版联合集团出版的麦家的作品，已经输出34个语种、44个版本，在亚马逊网和全球图书馆收藏榜上名列前茅；凤凰出版传媒股份有限公司凭借《20世纪中国文学选集》等重点项目，与美国西蒙·舒斯特出版集团携手开发了"江苏作家走出去"项目，涵盖了冰心先生著《繁星·春水》、叶兆言著《别人的爱情》、苏童著《另一种妇女生活》等在内的20部文学作品。莫言、余华、刘震云等40多位中国当代作家的文学作品，在世界各国多语种出版发行，初步形成了中国经典文学系列图书。今后，此类图书将更着眼于反映改革开放成就、展示当代中国人日常生活和精神风貌，更贴近国外大众市场的需求，用鲜活的故事将中国的发展讲给外国人听，让他们了解中国的发展变化。

五 对出版"走出去"工作的思考

思考一：有些出版企业"走出去"存在盲目性

中国出版业是典型的"内向型"产业，国内市场很大，使得一些出版企业并没有把"走出去"作为自身发展战略的组成部分，而是"国家推动我就做"，或者是"申请到资助我就做"，缺乏整体战略布局和国际化发展规划，"走出去"缺乏可持续性。为了能搭上"走出去"这趟顺风车，有的出版企业不重视自身的资源、资金、人才状况，或跟风输出图书版权，或盲目追求图书输出品种数量，造成了资金、人力等不必要的浪费，没有实现"走出去"的两个效益。出版企业应把"走出去"作为企业从全球获取资金、技术、市场、战略资源，增强出版实力和国际市场竞争力的途径，根据自身禀赋，确定"走出去"思路，将"走出去"纳入企业总体发展战略，制定并完善国际化发展规划，以提高图书产品海外营销的针对性和实效性为目标，进行企业"走出去"海外战略布局、本土化产品开发和营销渠道建设。出版企业只有主动参与国际合作和竞争，才能实现文化传播价值和资本价值的最大化。

思考二：有些出版企业"走出去"存在短期行为和功利性

为推动中国出版"走出去"，国家出台了一系列支持政策，设立了许多出版资助项目，"走出去"工作也纳入国家对出版企业的考核内容，这些政策措施都促进了出版"走出去"工作的快速发展。但在实际工作中我们发现，有的出版企业参与"走出去"主要是为了申请项目拿到政府资助；有的出版企业是为了能够获得国家项目，扩大自身在政府部门和业界的影响力；有的出版企业过分注重版权输出数据指标，不注重"走出去"的实质，热衷于在数字上做文章。这些情况势必造成"走出去"短期行为。不注重"走出去"精品的打造，不注重提升企业和产品的国际竞争力，不注重真正的"走出去"，这样的"走出去"毫无意义。中国出版公司国际出版顾问兼董事长保罗·理查德森在一次中国图书"走出去"座谈会上曾说："你可以利用交易许可权出版任何东西——但这样发行出来的东西一文不值。这样不但没有商业价值，也不会产生文化上的影响。不要考虑我怎样售出我拥有的东西，而是要想我有什么市场需求的东西——或者从我的知识产权资源和我的出版技术中，我可以创造出什么。"他的话虽然很刺耳，但这种逆耳之言对于我们做好出版"走出去"工作还是有意义的。

思考三："走出去"选题和市场定位不够精准，缺少国际品牌产品

虽然目前的政策环境有利于出版企业"走出去"，但输出图书内容的同质单一，阻碍着"走出去"的发展。我国出版企业对国际社会文化生态和文化传播规律的了解和把握不够，缺少对目标受众的研究，选题和市场定位不够精准，国际营销渠道不够畅通，缺少真正有分量的图书作品，国际品牌产品较少。因此，"走出去"出版物销量有限，难以进入国外主流市场营销渠道，国际影响力还不强。无论采取什么样的方式登陆市场，最基本的是要按照市场机制运作，既要迎合市场，又要发现市场。我们的产品要真正"走出去",就必须认真分析和调研不同的图书市场。出版企业应认真研究国外主流市场的需求,尤其是大众阅读市场对中国的出版物的需求,从内容定位、读者对象定位、语言转换、媒体形式等角度进行策划研发,打造符合国外受众需求和消费习惯的品牌产品。

思考四:"走出去"亟待提质增效,"走进去"是最终目标

中国出版"走出去"工作开展十几年间,取得了巨大成就,版权输出数量大幅增加,国际合作出版风起云涌,海外分支机构蓬勃兴起,这些无疑都推动了中国出版"走出去"的进程,也推动了中华文化的国际传播。但也应该看到,我们在发展理念、管理模式、产品质量、营销渠道等方面还存在很大差距,我们的很多"走出去"图书产品还没有进入国外主流市场,离真正融入国际主流出版市场仍然有较大距离。中国出版"走出去"亟须从简单的规模增长转向更高更好的质量效果上来,实现从"走出去"到"走进去"的突破。

从政府层面,应统筹规划、分类指导,重点扶持一批优势项目、优势品牌和优势企业,特别要着力培育一批具有国际影响力和竞争力的外向型出版企业、跨国出版企业,打造一批具有世界知名度的品牌产品,提升中国出版业的国际竞争力;从企业层面,应转变传统的、固化的思维方式,强化国际化出版意识和市场化运作意识,以提升出版企业国际竞争力为目标,开展更广泛的国际合作,不断提升合作的数量和范围、规模和质量,提高外向型选题策划能力,打造一批在国际市场上的畅销书、长销书。出版企业一是要深入研究国外读者群体的思维模式、接受心理和阅读习惯,做好内容改写、语境切换、话语转变,最大限度减少文化折扣、消除阅读障碍;二是要加强海外渠道建设,优化传播方式和手段,加快本土化发展,强化国际经营能力,使更多的中国图书进入国外主流市场;三是要注重整体经营,提升自身的国际竞争力,改变"走出去"所依托的以政府支持为主体的供给结构，在国际出版领域探索和尝试依靠市场形成持续化发展的新的商业模式。

思考五：出版"走出去"评估体系需要优化

为了推动中国出版"走出去"，国家投入财政资金设立了许多"走出去"出版项目，取得了积极的效果。但个别企业、个别项目的实施效果还未达到预期目标，比如有的项目质量不高，有的项目久拖不结，有的项目因为管理负责人衔接不顺畅，造成停滞、延误甚至烂尾，等等。有一些出版企业同国外出版机构签署了许多版权输出协议，但获得项目资助后，却不注重质量，更不注重效果，草草了事。即使签署了版权输出协议，书在海外出版了，没有销量也不是真正的"走出去"，衡量真正"走出去"的标准是产品的销量和影响力。再如，出版机构本土化是文化"走出去"的有效办法，国家鼓励出版企业在海外设立分支机构，并给予一定的资助，于是创建海外分社、国际编辑部风起云涌。可有的出版企业通过设立海外分支机构获得国家资助后，基本没有开展实质性的海外本土化运营，海外分社或国际编辑部成为虚设。

针对这些情况，需要将中国出版"走出去"效果评估摆上重要的位置。应进一步优化"走出去"评估指标体系，以提质增效为目标，对自实施中国出版"走出去"以来所出台的政策措施、设立的项目、投入的经费、收到的成效等进行综合评估。从注重输出数量到数量质量并重，重在提质增效方面转变。要把"走出去"效果作为衡量"走出去"工作成绩的主要标准，重点评估"走出去"图书版权收入、销售数量、社会关注、读者反响，重点考察能否进入国外主流渠道、能否为当地读者喜欢、能否产生较大传播力和影响力，让讲求实效贯穿"走出去"全过程。政府部门应完善"走出去"效果评估体系，抓效果评估，提升项目效益。根据评估结果调整规划部署、完善方案设计、改进扶持方式，引导出版企业更加注重输出图书的质量和影响力，更加注重"走出去"的实效。

第二章 版权输出战略与有效途径

版权输出是中国图书"走出去"的重要形式。中国图书版权向外输出难,多年来一直是困扰着中国出版业的一个难题。近年来,虽然在国家的推动下,国内各出版企业积极开展版权输出,图书版权输出数量大幅度增加,引进和输出图书版权之间的巨大逆差已经显著降低,但我们与发达国家相比仍有很大差距。如何进一步扩大中国图书版权输出数量,如何提高中华文化的传播能力并保持版权输出工作的可持续发展,是我们需要解决的重大课题,不仅要进行战略层面的研究,还要进行战术层面的研究与实践,使更多的出版企业掌握版权输出的方法与途径。

一 中国图书难以"走出去"的主要原因

1. 我国尚未形成强势出版

欧美、日本等国家虽然每年的图书出版总量并非国际上最多,但其作为国际出版强国的地位却是不争的事实。我国出版业从图书出版数量上讲已经是个出版大国,但从出版产业在国民经济中所占地位以及在国际出版业的地位来讲,还不是出版强国。由于语言、文化等方面的差异,我国出版业的国际化水平不高,缺少真正有分量的国际品牌产品,在国际市场上的影响力还不够大。相比国际知名出版机构,我们在发展理念、管理模式、产品质量、营销渠道等方面还存在很大差距,制约了我们进一步融入国际市场的步伐,也影响了中国图书在国际市场的影响力。

2. 有的出版企业未将国际化纳入总体发展战略

中国出版业是典型的"内向型"产业,国内市场很大,即使不"走出去",对出版企业发展短期内也不会有太大影响。因此有些出版企业"走出去"的积极性、主动性不高,有的出版企业只是为了应付评估或获取项目资助而参与"走出去",并没有把"走出去"当作自身发展战略的组成部分和增强企业国际竞争力的重要内容,没有明确的国际化战略和发展规划。

3. 缺少合适的"走出去"产品

由于中西方巨大的文化差异,以及由此产生的思维方式、阅读习惯、语言等的不同,我国出版业的版权贸易受到了制约。一方面,在"走出去"过程中还没有充分考虑到国外受众的接受心理和接受习惯,出版的"走出去"图书凭自我感觉,不符合国外读者的阅读习惯,外国人不喜欢看;另一方面,选择图书过于经典,在文化差异的大背景下,外国人看不懂。要想使我们的图书真正走入国际主流渠道,出版企业应从内容定位、读者对象定位、输出方向、语言转换、推介方式等角度进行版权贸易图书策划。

4. 语言本土化不够

"走出去"图书因外文翻译不地道而影响了我国图书在国际市场上的表现。中国出版业缺乏高水平翻译人才,特别是能够高质量地把中文图书以外文的思想、思路翻译表达成外文的人才，无法满足图书版权输出扩大的要求。很多外国出版人士认为，造成版权贸易逆差的原因"首先是语言因素"，中国人和外国人之间存在着很大的语言隔阂。

5. 缺乏具有经验的专业版权贸易人员

复合型人才特别是既懂翻译又精通出版的复合型人才的缺乏是我国出版业在版权贸易中遇到的实际问题。出版企业缺少具有国际视野、熟悉国际版权贸易规则、掌握一定版权贸易谈判技巧、具备较强版权贸易业务能力的版权人才。而出版业国际化人才的数量和质量正决定了出版"走出去"的广度与深度。

二　中国图书版权输出战略

版权是出版产业最重要的资源，出版企业的经营归根到底是版权的经营。无论是新媒体还是传统媒体，都在逐渐将版权运营确定为企业运营战略。出版企业不能只满足于版权产品的生产与营销，而应将版权放到经营资本的同一地位来管理和经营，将版权贸易作为出版企业的主业之一来开展。版权输出是中国图书"走出去"的重要模式，出版企业应根据国家出版"走出去"要求，紧紧围绕自身发展战略，认真研究国际出版市场特点，明确选题定位和读者对象，加大研发策划力度，以研发"走出去"产品为前提，创新选题立项、内容创作、营销推广等一系列工作机制，打造一批国际品牌图书产品，推动版权输出工作。

1. 根据自身特色和优势，制定科学的"走出去"战略是实现版权输出的关键

确立科学的发展战略是出版企业发展的关键。出版企业的发展战

略决定出版企业在一定发展阶段的发展方向，关系到出版企业的人力资源配置、投资方向、市场决策等等，甚至关系到出版企业的成败。随着出版国际化的不断深入，现代出版企业需要强化国际意识，把"走出去"与"做大""做强"的理想结合在一起，根据国家总体"走出去"战略规划，结合本单位实际，明晰定位，制定国际化战略规划，明确工作方向和重点，明确短期目标和长期目标。加大对重点国家、周边国家、"一带一路"沿线国家的市场拓展和布局，整合自身资源集中突破，扩大版权输出优势。在"走出去"的过程中提升自身国际影响力，增强企业的核心竞争力。

2. 出版符合海外市场需求的产品是实现版权输出的前提

原创作品本身的质量决定了其输出产品在海外的影响力，也是出版机构的立身之本。中国图书之所以难以"走出去"，尤其难以进入外国主流社会，除了语言、生活习惯、思维方式和价值观念上的差异外，图书产品针对性不强、不符合国外受众的需求，也影响了外国消费者对我国文化的熟悉和接纳程度。所以，要推动中国图书"走出去"，出版企业一是要认真研究国外主流市场的需求，尤其是大众阅读市场对来自中国的出版物的需求，对不同细分市场的需求进行细致的辨认和区分，研究市场的需求特点，明确选题定位和读者对象，充分考虑不同文化背景、阅读习惯和对中国信息的需求偏好等因素，找到国外读者的关注点和兴趣点，有针对性地策划适销对路的选题。二是要以打造精品、强化品牌作为实现版权输出的核心内容。坚持以高质量、高品位为指导核心，着力推出一批理念先进、内容质量、编校质量和印装质量俱佳、符合"走出去"需要的畅销书和常销书，提高产品的核心竞争力，为版权输出提供源源不断的资源。三是要开发多种媒体形式的产品，通过实现"走出去"产品内容立体化，让读者对中国的了解更生动、更直观、更真实。尤其要进行品牌资源的多语种、立体化深度开发,使出版资源在更广阔的空间得到持续开发和利用,促进图书产品的版权输出。做让外国人愿意看、能看懂的产品,从而使外国人真正了解中国人的思想、生活习惯和思维方式,了解当代中国的方方面面,改变西方人对我们的误解。在这方面,我们可以借鉴国外出版社的一些做法,如剑桥大学出版社、牛津大学出版社在图书国际推广过程中,充分尊重不同国家的文化差异,通过"一书多版的"形式满足当地市场的不同需求。多林·肯德斯利出版公司的销售部覆盖了中文、韩语、西班牙语等十多个语种,聘用当地人拓展海外市场,与各国出版商紧密开展版权贸易和合作出版。日本一方面加大中国市场的本土化营销力度,以《瑞丽》《昕薇》等时尚杂志为合作载体,利用国内的营销网络占领中国市场;另一方面加大西方市场的本土化生产力度,在动漫作品中塑造了大量长着西方面孔、穿着西方服饰、讲着西方语言的人物形象,从而源源不断地进入西方主流市场。

3. 培养专业化人才是实现版权输出的原动力

专业人才队伍建设是做好版权输出工作的关键。中国图书"走出去",必须要有一支具备国际视野和战略眼光、能够参与国际出版竞争、影响国际出版格局的专业化、职业化队伍。出版业要加强对各类高层次专业人才的培养,以培养外向型的版权贸易人才、专业技术人才、一流翻译人才、优秀国内外作者为重点,构建出版"走出去"人才体系。出版企业应着重建设四支队伍:业务水平高、具有国际视野的优秀编辑队伍;具有语言优势和丰富国际合作经验的版权贸易队伍;国内与国外相结合的高水平翻译队伍;优秀的海内外作者队伍。对于这四支队伍建设,一是要鼓励版权贸易人员积极参加各大国际书展和国际出版界的活动,加强与国外出版机构的交流与合作,不断积累实战经验,按照国际惯例进行国际化的出版运作,从而培养出具有国际视野、熟悉国际版权贸易规则、掌握一定版权贸易谈判技巧、具备较强版权贸易业务能力的版权人才。二是组织专业编辑对版权贸易人员进行图书推广培训，使版权贸易人员对图书内容和国外图书市场有全面了解，扫除在版权合作中的专业障碍。三是将版权贸易人员纳入"走出去"图书产品项目组，了解产品的生产成本、出版流程、出版进度，以便掌握产品发布时机，同时为编辑提供国外市场信息。四是培养复合型编辑队伍。随着媒体融合出版的发展，编辑既要精通编辑业务，还要懂得数字技术和具备国际视野，如数字出版使出版信息由文字和静态图片扩展为文字、图形、图像、声音、动画、视频等多种媒体信息，要求编辑不能仅仅局限于审读和校对，还要了解软件的测试和评价、多媒体信息的同步监听监看等，因此要注重编辑综合素质的培养。可以安排编辑走入国际图书市场，真正了解海外市场的需求；创造条件让编辑参加国内外专业学术讨论会，掌握学科领域发展的最新动态，不断提高专业水平，从而保证输出图书的品质。五是加大对翻译工作者的扶持和支持力度，下大力气破解翻译瓶颈，建立翻译薪酬激励机制和对优质翻译作品奖励机制，吸引和激励高水平译者对外译介好书，保证"走出去"图书质量，可以采取中外合作翻译、对象国本土化翻译等方式，提升译文的准确度、亲近感，使海外受众爱读、爱看，在阅读中引发共鸣、增进认同。六是发现、培养一批内知国情、外知世界，政策水平高，写作能力强的外向型作者队伍，将好的选题策划真正变成优秀的产品。通过积极版权输出，吸引作者积极与出版企业合作，不断推出新的图书产品，形成良性循环。如"外国人写作中国计划"第九届青年成就奖获奖人艾哈迈德·赛义德（白鑫）获奖之后，主动积极服务中国出版"走出去"，在2015年一年之内就为中国出版企业向阿拉伯语地区输出版权200多种，把真实而丰富的中国故事传播到世界各地。

4. 创新出版方式，推动数字出版产品"走出去"

互联网和数字技术的发展，推动出版企业从传统出版向多媒体融合出版转型。数字出版产品的形态多样性给出版企业实施数字出版"走出去"提供了多重路径。数字出版产品如电子书、听书等已为众多国家读者所喜爱，同时，数字出版使得图书"走出去"的距离缩短、时间缩短、信息传递更加及时、交易更加便捷。出版企业应充分利用数字出版产品在国际传播中的优势，根据自身出版特色，创新思维，充分挖掘优势资源，加快生产外向型数字出版产品，重组出版产品线和价值链，以新的产品和服务形式"走出去"，积极开拓海外市场，扩大传播覆盖面，形成传统出版和数字出版相互促进的格局。例如，中国出版集团公司向国外输出数字产品形式多样，包括：与纸书内容相同的电子书；经翻译和未经翻译的数字内容以供在线使用；出版社自主开发的数据库等数字出版产品的翻译输出；将现有图书内容制作成多媒体数字产品后翻译输出等。此外，中国出版集团下属的中版数字传媒公司也开展了电子书和多媒体图书的输出工作，共向海外81个国家和地区输出电子书。外文出版社与圣智学习集团旗下的盖尔电子图书馆开展深度合作，将该社图书的电子版权分销至其图书馆数据库，并输送到全球12000余家图书馆。浙江出版联合集团在稳步推进纸质图书"走出去"的基础上，进一步推动与亚马逊网的合作，有5000多种图书进入亚马逊全球数字出版平台。

三 实现版权输出的有效途径

1. 开展多种形式的国际合作，寻找多方共赢的商业运作模式

出版企业应切实落实国家"走出去"战略，积极拓展国际市场，用积极的海外拓展来推动版权输出，用版权输出来占领海外市场。本着合作双赢的思想，与国外出版机构进行积极合作与交流，建立长期战略合作伙伴关系，学习国际同业先进的资源管理方法，高效的企业运作方式，国际化的营销策略；等等。认真梳理各自的资源优势，根据自身优势深化与国外出版机构的合作关系，使得输出产品更加富有针对性。可以采取多元化合作模式，合作策划、出版中国主题图书、开展版权合作、与国际知名学者联系组稿等方式实现"走出去"图书本地化，利用合作伙伴的力量调动当地媒体渠道，提高图书影响力，提高出版产品在国际市场的占有率和出版品牌的国际知名度。还可以与目的国的经销商、主流书店系统、亚马逊电商平台等建立合作关系，加大海外发行力度。借助外力"走出去"，使图书全面进入国外的主流社会，让海外读者能够看得到、买得到，实现真正意义上的"走出去"。例如，五洲传播出版社充分利用国际知名的第三方平台运营其数字内容资源，不仅获得了用户，提升了品牌影响力，同时也掌握了国际市场需求与分布，积累了在国际市场开展数字营销的经验。

2. 建立广泛的版权贸易合作客户网络和迅捷的产品信息系统

（1）积极构建合作客户网络，建立稳定的版权输出渠道。出版企业应通过科学的海外战略布局和版权业务合作，广泛建立与国外出版机构的合作关系，并保持密切的版权贸易往来。通过长期合作，增强互信，创建有效的版权贸易合作客户网络，使之成为出版企业稳定的版权输出基地，保证版权输出的可持续发展。

（2）搭建资源与服务平台，实现与国外出版机构网上互通互动和服务的迅捷化。出版企业应致力于数字化资源平台建设，丰富图书产品内容与形式，实现网上全品种产品展示，提供迅捷的产品检索和预览功能，使国外出版机构能全面了解图书产品的内容，促成版权合作。同时，不断丰富图书产品配套资源，为国外合作方提供有力的支持和增值服务，为版权输出后的营销推广起到积极的促进作用。

（3）优化信息渠道，及时向客户发布新书信息，主动向客户推荐适合当地市场的图书产品。信息在版权输出中起着重要的作用，为客户提供的新书信息越充分，版权输出的成功率就越高。而版权输出的实现绝非一个部门能够完成，需要编辑部门与版权贸易部门的密切配合。出版企业要完善内部部门间的沟通体系，形成编辑部门与版权贸易部门间的信息交流畅通无阻，保证工作的高效性，促使信息及时、快速发布，让客户了解图书出版最新动态，推动版权输出工作的开展。

3. 协助版权购买方进行输出版权图书的改写工作，使其有利于在海外市场的推广，实现利益共享

版权输出不仅要重视数量，更要重视质量，也就是输出版权图书的销售量和版税的回收，高质量的版权输出才更有意义，更有利于中国图书在世界的推广。基于这种思想，出版企业不应片面追求数量，而应把输出版权图书在当地的推广作为一项重要内容，与合作方共同策划、修改，使之更加符合当地读者的需要，增大销售量，实现真正意义上的利益共享。

4. 建立版权输出激励机制，使编辑与版权贸易人员紧密协作

一方面，出版企业要建立"走出去"工作评价与激励机制，对版权输出工作优秀的部门和个人予以奖励；另一方面将编辑部门和版权贸易部门的利益绑在一起，形成利益共同体，激励共进。编辑人员及时提供信息、咨询服务和业务培训，版权贸易人员广泛进行营销宣传、市场拓展。两个部门利益共存，协力配合，促进版权输出的实现。

5. 创建版权贸易管理系统，强化版权贸易管理

对于出版企业来说，版权输出的根本目的一是扩大图书的覆盖面和提高销售量，进而提升中华文化的影响力，二是获取合理的版税收入，保证出版社和作者的利益，从而实现版权输出效益最大化。因此，随着版权输出业务的增加，出版企业应建立包含网上版权贸易、版权管理、版税管理、版权输出样书管理和客户管理为主要内容的版权管理系统，实现对客户信息、版税信息的及时准确掌握以及对版权输出样书的规范化管理。对外要及时跟踪掌握输出版权图书的发行情况，与合作方建立"随印随报、样书登记、定期付税"制度；对内要建立版权输出公开查询制度，作者可以在出版企业网站上查询版权输出图书的发行情况和版税收入情况，做到版权输出的各个环节透明化。这样既能够保证输出版权的效益，又能够让作者放心满意。同时，通过加强对版权输出业务的管理，淘汰不良客户，建立稳定、守信的客户群，保证输出版权图书版税的回收，达到版权输出图书社会效益与经济效益的有机统一。

版权输出的数量及效果，既关系中华文化传播的效果，也影响出版企业的发展。因此，出版企业既要采取有效措施来推动版权输出，增加版权输出数量，又不能片面追求输出版权的数量，而是要更加注重版权输出的效益，有针对性地开展版权输出工作，使中国图书真正地"走出去"，扩大中国出版的国际市场领域，切实提升中华文化的世界影响力。

第三章　出版企业国际品牌建设与管理

品牌是生产者和消费者共同的追求，是供给侧和需求侧升级的方向，是企业乃至国家综合竞争力的重要体现，是推动企业发展和社会进步的一个积极因素。随着中国经济迅速发展和技术不断进步，越来越多的中国品牌让世界感受到中国的创新发展。中国电器、中国高铁、中国华为 5G 移动通信网络技术、中国的移动支付等中国品牌正在成为世界走近中国、感知中国的重要窗口。2019 年 5 月 10 日是第三个中国品牌日，李克强总理对 2019 年中国品牌日活动作出批示："引导企业大力弘扬专业精神、工匠精神，在市场公平竞争、消费者自主选择中涌现更多享誉世界的中国品牌。"中国正在从经济大国走向经济强国，品牌强国已成为展现国家综合竞争力、彰显国家文化魅力的重要途径。美国广告研究专家莱瑞·赖特认为："未来的营销是品牌的战争。品牌是公司最珍贵的资产，唯一拥有市场的途径是先拥有具有市场优势的品牌。"[①] 品牌建设是企业管理的一个重要方面，提高供给体系质量必须加强品牌建设，发挥品牌的引领作用。出版企业是文化产业的重要组成部分，面对日趋激烈的市场竞争和出版国际化进程的不断推进，加强品牌建设、品

[①] 万后芬、周建设：《品牌管理》，清华大学出版社 2006 年版。

牌管理与品牌传播已经成为出版企业生存和发展的关键之举。品牌图书对读者有着积极的引导作用，是衡量出版企业的重要指标。随着媒介融合时代的到来，出版企业面临着数字化、资本化、国际化的综合发展态势，产业转型升级已成为必然。出版企业要围绕内容创新、资本运作、国际布局，结合自身优势选择不同的发展战略，积极探索适合自身特点的品牌建设道路，努力创造出一批具有国际影响力的知名品牌。

一　品牌国际化与出版国际化

从一般意义上说，品牌国际化是将企业的品牌推广到国际，让品牌得到广泛认可，并在国际范围内具备影响力的行为。品牌国际化是衡量一个企业经济全球化参与程度的重要标志，代表着企业的形象和国际竞争力。国际营销学专家大卫·乔布尔把品牌国际化定义为"品牌在世界范围内的成功渗透"。[①] 美国著名品牌专家凯勒认为，企业实施品牌国际化战略可以实现生产与流通的规模经济、知识的迅速扩散、品牌形象的一贯性、大范围的感染力、降低营销成本等。我国经济学家张维迎提出，我国企业要想与其他的国际品牌竞争和抗衡，就要实施品牌国际化战略，建立品牌优势，创造国际品牌。在全球经济一体化的形势下，品牌国际化已成为当今世界经济竞争的重要内容，无论在宏观层面，还是微观层面，企业要参与国际竞争，与国际接轨，只有实施品牌国际化战略，提升企业的核心竞争力，才能在国际市场上站稳脚跟。品牌国际化实质上就是使品牌走向国际，得到各国广泛认可的品牌推广过程。企业拥有了国际化品牌，就拥有了市场，其国际市场竞争力就强。发达国家的经验和我国参与国际竞争的实践

---

① ［英］大卫·乔布尔：《市场营销学原理与实践》，胡爱稳译，机械工业出版社2003年版。

表明，培育国际化品牌，是中国企业增强国际竞争力的重要手段，是转变企业增长方式、实现企业可持续发展的必然选择，也是提升我国国际地位的重要途径。

经济全球化渗透生产经营的各行各业，也同样影响着中国出版业。在世界范围内，出版企业兼并、重组加剧，市场竞争日趋激烈，出版企业必然伴随着经济全球化的潮流不断实现国际化。同时，世界文化呈现多元状态，文化的多元为文化的交流与互动提供了前提，也必然推动出版国际化的程度不断提高。中国虽然已成为世界出版大国，但中国出版企业的收益仍主要集中在国内市场，国际影响力并不高，出版企业在资本规模、选题策划、精品制作、营销渠道、资本运作等方面的国际竞争力还不强，缺乏适应国际市场的整体创新能力、市场拓展能力和成本控制能力。中国出版业只有充分利用国内国际两个市场、两种资源，主动参与国际合作和竞争，加速出版国际化，培育世界知名的出版品牌，才能实现文化传播价值和资本价值的最大化，提升出版企业的国际竞争力，从而增强世界对中国的了解，扩大中华文化的国际影响力，提升中国的文化软实力。

二 国际化视域下出版企业品牌建设的思路

企业是市场的主体，也是自主创新的主体，自主创新就是为了提高企业的核心竞争力，而企业的核心竞争力的表现之一就是拥有自主品牌。美国著名出版家小赫伯特·史密斯·贝利在《图书出版的艺术和科学》一书中指出，"出版社并不因它经营管理的才能出名，而是因它所出版的书出名。"[①]品牌图书就是那些能够鲜明、系统、集中地体现

---

① ［美］小赫伯特·史密斯·贝利：《图书出版的艺术与科学》，王益译，河北教育出版社2004年版。

出版社品牌特色的图书，它是一个出版社的标志和品牌的象征。复旦大学出版社原社长贺圣遂认为，出版业的品牌，关键在于出版社的历史、理念和传统。每种图书都是包含着作者劳动、价值的个性化产品，包含着编辑对内容的理解、加工能力，只有传统和理念优秀的出版社，才能建立起自己的品牌。

出版企业品牌建设已成为提升企业核心竞争力的重要内容。从出版国际化角度考虑，出版企业品牌建设有以下几个方面。

1. 品牌建设与出版企业国际化战略有机结合

品牌是一个企业的符号，品牌的创建与推广是企业做大做强的重要环节，制定品牌战略已成为出版企业发展的实际需要。品牌国际化是出版企业进行国际化经营战略的核心，通过品牌国际化的运作，可以提升出版企业参与国际竞争的能力，提升出版企业在国际出版舞台的地位。随着我国国际影响力的逐步提升和中国出版"走出去"战略的实施，我国出版业的国际化发展具备了良好的外部条件，出版企业国际化战略越来越清晰、越来越坚定。中国出版企业能否把出版产品推向世界，在国际出版竞争中占有一席之地，品牌国际化战略的实施就成为关键，只有持续打造一批能够为外国人所接受并喜欢的图书，中国的图书才能树立起世界品牌。持续增长的海外市场需求是出版企业实施"走出去"战略的有利因素，现代出版企业必须具有国际意识，牢固树立品牌意识，不参与国际竞争、不提高出版企业的国际竞争力，在国际竞争中就容易被淘汰出局。出版企业应明确国际化发展思路，根据自身的出版特色和出版优势，制定国际化发展规划，实施科学的"走出去"战略。如今国内许多出版企业都实施了国际化发展战略，可以说是八仙过海，各显其能。各出版企业要把品牌建设放在首位，根据自身的特点、行业竞争状况、当地条件、政府法规及核心竞争力等多种因素，选择进入国际图书市场的最佳模式，找准市场定位，制定系统的出版规划，着力建设品牌图书。北京语言大学出版社是国际汉语教学与研究专业出版社，于2004年实施海外拓展战略，并将其作为出版社发展的主体战略，着力在产品开发、国际市场渠道建设上下功夫，研发出版符合不同年龄、不同层次、不同类型的国际汉语教材，在巩固发展来华留学汉语教材市场的同时扩大了海外市场份额，该社出版的汉语教材以使用范围最广、读者评价最高而誉满全球，该社也成为世界汉语教学领域的著名品牌。可以说，北京语言大学出版社就是在"走出去"的过程中发展壮大起来的。

2. 品牌建设与出版企业特色发展有机结合

品牌是市场竞争的基石，是企业基业长青的保证，企业在发展中的首要任务是打造品牌。著名营销战略家杰克·特劳特认为，人类已进入品牌时代、品牌社会，企业要根据自身定位由外而内地建立自己的品牌，从而在竞争中赢得优先选择。[1] 每个企业都拥有自己擅长和不擅长的东西，在品牌营造方面，要依据自身的禀赋打造核心竞争力。同任何企业营造品牌的过程一样，出版企业要根据自己的出版特色，来制定自己的品牌战略，创建自己的品牌产品，使自己的企业和产品与众不同，独树一帜。著名市场营销专家菲得普·科特勒认为，品牌是一种名称、术语、图案、标记、符号或它们的相互组合，用以识别某个消费者或某群消费者的产品或服务，并使之与竞争对手的产品或服务相区别。商务印书馆总经理于殿利对出版品牌的解读是："品"是品质，"牌"是招牌。无论产品还是服务，都要体现出较高的质量，并且一定要具备别人所没有的特点，这就是品牌，就是号召力。我国现有580余家出版企业，各个出版企业在专业领域、出版规模、市场范

---

[1] [美]杰克·特劳特：《大品牌大问题》，耿一诚、许丽萍译，机械工业出版社2017年版。

围、经济实力等方面不尽相同，各有各的特色，各有各的优势，这是每个出版企业生存和发展的基础。只有立足于自身出版特色、出版优势和出版资源，营造自己的品牌，出版企业才能在激烈的市场竞争中立于不败之地并得到发展，才能在国内外出版市场里找到自己成功的坐标。尤其对于中小型出版企业，不应片面求大，而应求精求强，不断开发出高质量的新产品，使自己的产品在市场竞争中处于领先地位，让竞争对手难以超越。如商务印书馆的辞书、中华书局的古籍书、外语教学与研究出版社的外语类图书、北京语言大学出版社的国际汉语教材、北京师范大学出版社的教辅书、中国人民大学出版社和广西师范大学出版社的学术书等，都已在读者心目中形成了良好的品牌形象。

3. 品牌建设与国际化人才队伍培养有机结合

人才是企业发展的原动力，人才队伍建设也是企业的核心任务。现代市场的竞争，说到底是人才的竞争，品牌编辑、品牌作者、品牌营销人员、品牌出版家是造就品牌出版企业不可或缺的几个因素。我国出版企业需要同时面对市场化转型、数字化产业升级和国际化竞争，实现这一前所未有的战略跨越，急需一大批有强烈市场观念、崭新知识结构和广阔国际视野的新型人才。为此，出版企业国际化人才的培养须着眼于国家发展文化产业、提升软实力的战略要求，准确把握人才需求的发展趋势，从企业品牌建设的高度制定并推动实施国际化人才培养工程。出版企业要科学制定国际化人才培养工作的规划、计划，适应出版业转变发展方式、实现转型升级的新需要，把传统的人力资源管理提升到企业国际化战略层面，通过对企业人力资源的整合来驱动企业品牌建设。

一是要构建富有自身特色的国际化人才培养体系。将人才培养，特别是编辑人才培养作为企业核心战略的组成部分，使其成为企业管理的一项基础性、常规性和长期性工作。以建立现代企业制度为核心，建立出版企业人才培养制度，使出版企业的人才培养与国际化战略、品牌战略结合在一起，突出时代性特征，培养适合市场化、数字化和全球化挑战的新型出版人才。

二是创建人才协作成长机制。出版企业的营销人员，尤其版权贸易人员和海外营销人员，要参与"走出去"产品开发。一方面，他们了解国内或国外图书市场，了解用户需求，可以为产品开发提供准确的市场信息；另一方面，在参与图书出版项目的过程中，他们能够全面了解项目策划、作者、图书主要内容等，有利于图书出版后的营销推广。同时，编辑也要参加项目营销策划会和营销推广会，与版权贸易人员和营销人员共赴国内外开展市场营销活动。正是在品牌产品的开发过程中，编辑与营销人员、版权贸易人员相互促进，共同成长。

三是注重人才队伍的整体性建设，坚持多渠道、多方式培养人才。举办编辑部门与海外营销部门间的定期交流活动；培养具有国际视野、较强组织能力、管理能力、协调能力和创新能力的编辑出版队伍。安排编辑走出国门，走入国际图书市场，真正了解海外市场需求。创造条件让编辑参加国内外学术研讨会，掌握专业领域发展的最新动态。

四是以品牌建设为引领，悉心培养自己的品牌编辑、品牌版权贸易人员、品牌国际营销人员，积极利用诸如国际书展、专业培训、出版论坛等平台，开阔他们的视野，通过借鉴国际领先的出版模式提高管理者的管理水平、提升出版理念，努力打造自己的特色品牌产品。同时注重品牌价值的开发，通过塑造品牌增强自己的核心竞争力，扩大国际影响力。

4. 品牌建设与出版创新有机结合

企业的创新精神和创造能力是一种无法模仿、实难替代的最有持续力的资源，不断创新是品牌保持持久竞争优势的关键。一个国家或地区的国际竞争力最终体现在企业创造价值的能力上。提升中国出版企业国际竞争力必须要在制度创新、科技创新与管理创新上下功夫，积极实施品牌战略，努力打造世界品牌图书。品牌需要创造，创造品牌需要创新，创造品牌的过程，是不断摸索、逐步深入、不断创新的过程。创造一个品牌不容易，保持一个品牌经久不衰、不断发展更不容易。没有强大的技术创新、产品创新、管理创新、模式创新能力，就没有创造品牌的基础。

随着传统出版向媒介融合出版的转型，新兴业态加速品牌融合。传统出版品牌与新兴出版品牌在内容、渠道、平台、经营、管理等领域的融合正不断深化，要不断充实、创新品牌图书，使之长盛不衰。出版企业应在稳步发展传统业务的同时，大力拓展新兴品牌，持续推进转型升级。品牌出版企业需要在出版领域起到引领和示范作用，要做到这一点，就要综合提升出版企业的实力，走在出版业的前面，就要始终保持创新的活力，持续加大对品牌创新的投入，加快出版"走出去"理念创新、内容创新、方式创新，打造一批展示中华文化独特魅力、反映当代中国精神风貌和学术水准、贴近国外受众文化需求和消费习惯的国际品牌产品。

三　国际化视域下出版企业品牌产品建设的关键点

虽然产品的竞争表现为品牌的竞争，但品牌竞争所依仗的是产品的内在质量，质量是品牌的生命所系。无论技术如何发展，出版形式如何变化，为读者提供高质量的产品都是出版的核心要素。由于缺少被国际社会广泛认可的品牌出版产品，我们离真正融入主流国际出版市场仍然有较大距离，这在一定程度上制约了中华文化国际影响力的提升。中国出版"走出去"到了提质增效的关键节点，需要从简单的规模增长转向更高的质量效果上来，而品牌产品建设则是重要的着力点。在传统出版向媒介融合和出版国际化发展时期，出版企业品牌产品建设的关键点可以概括为"专业化、精细化、创新性"。

1. 专业化

第一，品牌产品建设要定位清晰，突出特色。品牌打造是一个持续过程，只有品牌定位明确清晰，才会形成稳定的读者群。出版企业要细分国际图书市场，深入研究国外不同读者群的文化传统、价值取向和接受心理，把握规律，创新方式方法，根据自身的出版优势来形成具有特色的品牌图书，增强讲好中国故事的针对性、实效性和权威性。具体应注意以下几点：长期专注于一个产品市场或者同类产品市场；把一个市场信息搞透，熟悉竞争对手、产品类型、定价策略等；掌握一个市场最优秀的作者群、读者特点、渠道特点等；掌握一个市场对应产品的专业化知识，塑造专家型编辑人才；策划、制作非专业人才无法超越的产品及产品群。

第二、产品内容始终是品牌建设的核心。短期的读者满意度主要取决于内容的吸引力，长期的读者忠诚度则与图书整体品牌形象息息相关。"走出去"的图书产品要符合海外市场需求，这是"走出去"的重要前提。出版企业应认真研究国外主流市场，结合国际社会对中国的关注点，找到好的切入点，精心策划。要考虑目标读者的文化背景、宗教信仰、风俗习惯、消费观念、生活方式和价值观，增强产品内容的针对性和文化内容的可接受性，把重大选题变成中国故事，让读者爱看。要充分调动国内专家学者和国外知名人士的积极性，选择权威作者，制作出真正能够产生国际影响力的精品出版物。

第三，打造丰富的品牌产品线。读者的需求是多样化的，出版企业要打造自己的品牌图书，必须对国际市场进行细分，分析并寻找最有利于自身成长的空间。出版企业应根据中华文化"走出去"的需要，不断创新产品内容、营销推广的一体化品牌建设体系，不断创造高质量的品牌产品线或产品群，并将品牌产品的维护、拓展与推广做成一个系统，按照市场化运行机制，向纵深领域做深、做透，不断拓展品牌覆盖面及影响力。例如，北语社作为国际汉语教学与研究专业出版社，多年来专注于国际汉语教材的出版与国际推广，打造了《新使用汉语课本》《汉语会话301句》《汉语口语速成》《轻松学中文》《汉语乐园》等世界级品牌汉语教材。北语社品牌产品建设的特点是：（1）品牌产品占据国内外对外汉语教材市场各个细分领域、各个产品线；（2）品牌产品都形成了产品群，每一个品牌拥有不同级别和不同功能的配套产品；（3）针对品牌产品研发出适合全世界推广的多语种产品；（4）针对品牌教材产品研发出立体化多媒体教学产品，形成丰富的立体化教学资源及数字资源展示平台和教学服务平台；（5）针对品牌教材产品研发与教学配套的文化产品，形成新的品牌文化产品；（6）品牌产品不断升级改造，与时俱进，在不断的建设中追求完美，追求永恒。

2. 精细化

质量建设是图书品牌打造的根本，坚持质量第一、推动质量提升是品牌建设的重要保障。图书产品质量好，就为品牌竞争奠定了良好的基础。世界著名的图书名牌，都是以上乘的质量作为坚实的基础的。出版企业要通过不断提高图书产品的质量，提供优质的售后服务，同时进行市场跟踪调查，全面了解使用情况，来赢得读者与用户的信任，培养读者与用户的忠诚度，进而树立产品和企业的品牌，提高自身的竞争能力。出版企业要精心组织品牌项目建设流程，对不同细分市场的需求进行细致的辨认和区分，找到好的切入点，开发精品图书。从产品策划、设计开始，到编辑加工、印制的每一个环节，都要考虑如何更加方便作者和使用者，满足客户和读者需求。在充分而详尽的市场调研和各个层级的精细化项目论证后，精心组建项目团队，和作者一起制作提纲及样张，反复讨论，精雕细琢。同时，要对目标市场读者的内容质量需求和阅读趣味作更深入细致的分析研究,如果能对影响读者期望质量的关键因素加以分析并进行改进,则可以收到事半功倍的效果。隔一段时间进行修订,不断完善和打磨图书品牌,提升质量。只有打造一批在世界上有影响力的品牌作者、品牌编辑、品牌图书,才能解决中国图书"走出去"的瓶颈问题,才能真正地进入国际图书市场。

3. 创新性

管理大师彼得·德鲁克认为:"企业的第二个功能是创新,也就是提供更好更多的商品及服务。对企业而言,只提供产品和服务还不够,必须提供更好更多的商品和服务。企业不一定需要成长壮大,但是企业必须不断进步,变得更好。"[1]在新媒体、新技术背景下,出版企业品牌建设必须持续创新。

一是创造国际品牌产品要尊重国外不同层次受众的文化差异,以价值认同、融合发展为目标,推动"走出去"产品内容创新,实现与"走进去"目标国文化生态的有机融合。品牌产品要通过不断更新、修订延伸、重复再版来增强和延续产品生命力。

二是出版企业在传统出版向媒介融合出版转型、实施国际化战略过程中,要勇于担当产业转型升级和"走出去"的先行者,在对专业特色定位、产品媒体形式定位、受众对象定位等进行深入市场调研和可行性论证的基础上,实现创新成果加速转化应用,策划出版符合国际市场需求的图书产品,创建新的产品品牌。

三是随着多种媒介融合出版的发展,个性化消费和消费体验已成为新的发展趋势,并成为品牌经营的重要内容。出版品牌创造应从传统的产品营销模式向服务与体验相结合的营销方式转变,运用好数字

---

[1] [美]彼得·德鲁克:《管理的实践》,齐若兰译,机械工业出版社2009年版。

资源服务平台，着力塑造个性化产品，注重编辑、营销人员与读者的互动，培养读者对品牌的忠诚度。

四　国际化视域下出版企业品牌管理

品牌一经形成，就要加强管理，维护品牌的诚信度与生命力，使品牌得以巩固和发展。出版企业要根据市场及形势的需要及时对品牌进行维护，以提升品牌的品质，提高读者的忠诚度。

1. 注重品牌的维护与延伸

创立品牌不易，维护和延伸更难。出版企业要根据国内外市场和企业自身发展变化，对品牌进行不断的自我维护和提升，提高读者的忠诚度，实现增加其品牌资产价值的目标。许多专业类、教育类出版企业利用自己独特的品牌、知识和能力，打造了具有独特价值的信息产品和知识服务。还有一些出版企业依托自身优势，找准方向，进行理性的品牌延伸，在产品品种和载体形式等方面做细做全，实现出版资源在更广阔的空间得到持续开发和利用。如江苏少年儿童文化促进中心 2016 年 6 月将曹文轩作品"皮卡"系列之《背叛的门牙》改编为舞台剧，并在 8 月底走上舞台。此外，江苏少年儿童文化促进中心还将把曹文轩的小说《青铜葵花》改编为音乐儿童剧搬上舞台。这一系列举措都是对少儿出版品牌的延伸和扩张，有利于扩大品牌的影响力，增加品牌的附加值。

2. 注重品牌服务

在市场经济下，一个成功的品牌除了满足读者对产品的功能性需求外，更需要不断地满足他们对产品某种心理需求的附加值，提供更为细致和个性化的服务。新媒体提供给读者和用户的是完全不同于传统媒体的全新体验与服务，出版企业可以利用网络与新媒体技术加强与读者和用户的互动，了解他们的独特要求，尽可能地按照个性化需求生产，以主动、优质、多元、创新的服务赢得读者和用户，形成其对品牌的忠诚度。

3. 注重品牌网站设计

网站是数字化、信息化和网络化环境下出版企业对外宣传、展示自我形象的便捷的信息平台。出版企业可以利用自身网站，建设以服务为主要功能的品牌产品宣传平台，在网上设立品牌产品专区，及时、快速发布品牌产品信息，让读者和用户了解品牌产品的最新动态。同时，在网站上开发品牌产品预览功能，除了展示详细的中英文对照图书信息外，还可用文字、图片、声音、视频、交互式动画等多媒体形式展示产品的内容简介和样章。网站还可以开发多渠道与用户沟通的功能，在用户体验设计中将品牌力渗透到网站制作的具体细节里，强化与读者的沟通和服务，把品牌信息通过网站更好地传播出去，从而提高品牌的认知度。

4. 注重品牌版权保护

"一带一路"沿线国家大部分是发展中国家，经济亟待发展，版权保护意识差别较大，版权侵权执法水平不一。随着中国图书在"一带一路"沿线国家的推广，尤其数字产品"走出去"的增多，我国品牌图书在境外被盗版、盗印和侵权的现象时有发生。版权作为无形资产，已经成为出版企业的核心竞争力，保护图书境外版权就是保护出版企业的国际竞争力。出版企业除了运用法律手段和技术措施，严防市场上某些不规范行为对品牌产生冲击，出版企业在"走出去"的同时也要重视境外版权保护，一方面建立风险防范机制，运用法律手段和技术措施，坚决打击假冒伪劣行为，依法保护品牌权益；另一方面，可与当地出版机构合作，利用版权输出、版权代理、合作出版、设立代理经销商等多种途径共同进行品牌产品的境外版权保护。

五　国际化视域下出版企业品牌传播

品牌传播是企业满足消费者需要、培养消费者忠诚度的有效手段。经济全球化的趋势要求企业成为国际化的企业，品牌要成为国际化的品牌。出版企业在创建品牌产品的同时，更要注重品牌的国际传播，传播力决定影响力，优良的产品只有通过品牌形象传播，提升品牌影响力，才能创造经济效益。在"走出去"过程中，出版企业应当重视品牌传播的杠杆作用，借鉴国外成熟的营销推广模式，优化海外营销渠道，加强"走出去"产品的营销推广，在国际市场树立起中国的品牌产品、品牌作者、品牌编辑，用品牌传播的力量把中国的出版产品推向世界。

1. 构建立体化国际传播渠道

出版企业要确立科学的品牌管理和营销体系，把对品牌的营销贯穿在品牌生产的全过程，有计划、有步骤地开展品牌形象宣传推广，提高品牌的市场冲击力和市场占有率。出版企业要根据国际市场需求，以产品进入国外主流社会为目标，对海外市场进行全面规划，加强传播渠道建设，统筹传播力量，进行合理布局，扩大海外覆盖面。加大海外营销渠道建设的投入，整合国内外资源，创建多种模式、稳定有效的国际立体营销网络，通过版权输出、实物出口、国际合作、设立海外分支机构等形式，推广传播品牌产品，营造更多的国际品牌，推动更多优秀的出版产品"走出去"。

2. 加快出版企业海外本土化进程

加快本土化进程是品牌国际化的关键，通过机构、人员、内容、渠道的本土化，实现分众化、区域化出版，量身定制真正适合某一特定国家或地区的阅读精品。实施品牌国际化的过程，实际上就是与当地消费者进行沟通的过程。世界各国的市场具有不同的特点，出版企业品牌走向国际市场需要尊重国际文化市场的发展规律，主动适应和贴近国际文化市场内在要求和商业规则，整合国内外出版资源，开拓国内外出版市场。考虑国家之间差异性，了解当地消费者的风俗习惯、消费观念、价值观、生活方式和宗教禁忌等文化背景对企业跨国经营来说尤为重要。实现品牌国际化需要大批具有国际经营管理经验的人才的推动，一方面企业要注意对自身人才的发现与培养，提升出版企业管理队伍国际运作和本土化经营能力；另一方面要实现海外企业人员的本土化，因为当地人比较熟悉本地的经济、政治、法律和文化环境，也较易拓展良好的人际关系，有助于企业拓展海外市场，加快出版品牌的传播。

3. 推动数字化产品开发

数字出版的迅猛发展，使得品牌传播的媒介多元化更加突出，加速了出版品牌的国际传播。出版企业应适应知识服务的信息化和数字化潮流，布局数字出版，把网络作为品牌国际传播的有效渠道，集中优势资源，充分利用数字出版产品便捷、快速、生动的传播优势，加快生产外向型数字出版产品。积极搭建数字内容资源跨境投送平台，开发国际数字出版、新媒体传播市场，推动更多中国图书进入国际主流数字营销平台。通过国际社会大众传播、分众传播等有效传播方式，准确定位目标读者，扩大市场覆盖面，推动出版"走出去"提质增效。

4. 借助互联网和新传媒技术

在互联网时代，品牌传播更为讲究实效化。品牌产品要建立在目标读者需求的基础上，迎合读者的心理，引发读者的兴趣和关注。互联网和新媒体技术改变了读者的媒介使用方式和品牌传播的路径,利用互联网和移动媒体进行品牌营销也成为品牌传播的重要手段。出版企业可以通过互联网或移动媒体与目标读者双向沟通,采用读者喜欢的方式传播品牌创意,让读者乐于接受并进行分享扩散,增强读者对企业价值、品牌的认同,提高品牌营销的传播价值。

  品牌从创建、推广到完善,是一个复杂的过程,是一个系统工程,也是企业永无止境的经营追求。中国出版企业真正实现品牌国际化任重而道远,品牌建设需要着眼于企业的长远发展,进行长远的战略规划。出版企业是出版"走出去"的市场主体,没有具有国际影响力的品牌产品,企业就没有国际竞争力。中国出版企业要加强国际化经营理念,积极参与国际出版合作与竞争,不断适应国际化市场环境的需求和发展,使自身产品满足不断变化的国际市场需求,为中国图书"走出去"创造有利条件。通过打造一批具有国际知名度的品牌产品,使之进入国际市场、进入外国主流社会、进入读者的心里,从而扩大出版企业的国际影响力,在传播中华文化的同时提升自身国际竞争力。

第四章　出版企业国际化人才培养

　　国际竞争力是企业核心竞争力的重要组成部分，是企业发展到一定阶段才具有的竞争能力。企业的国际竞争力与企业的跨国经营有着密切的联系，国际化是企业国际竞争力形成的重要基础。经济全球化使得国际竞争成为现代企业必须面对的现实，国际竞争力已经成为影响企业发展的关键因素。竞争力优势理论是由美国哈佛大学教授迈克尔·波特提出的，他认为产业竞争力是指一个国家能否创造一个良好的商业环境使该国企业获得竞争优势的能力。[1]根据竞争力优势理论，蔡继辉提出"出版产业国际竞争力是指一国出版产业利用现有的制度框架和产业发展水平，通过不断创造和提供更好的发展条件，在国内和国际出版市场上提供比竞争对手更好的图书以及相关的产品和服务的能力。"[2]随着中国出版"走出去"的持续推进，越来越多的出版企业走向国际市场，通过不断打造品牌产品来提升企业的国际竞争力。中国出版企业要想到国际市场上去竞争，必须具备强大的跨国经营能力，必须拥有一批善于和精于对外出版的专业机构和专业人才。出版业作

---

[1] ［美］迈克尔·波特：《竞争战略》，陈丽芳译，机械工业出版社2014年版。
[2] 蔡继晖：《中国图书出版产业国际竞争力分析》，《出版经济》2004年第9期。

为知识密集型产业和文化创意产业，对人才的依赖性更大，拥有一批国际化的创新型人才，是出版企业进军国际市场的重要保障。出版企业从"走出去"品牌产品的策划、编辑到国际营销的全过程，都离不开一支高水平、高素质的国际化人才队伍的推动。没有国际化的编辑，难有国际化品牌产品；没有优秀的版权贸易人员和国际营销人员，图书产品就难以进入国际市场，更难走进外国主流社会。现有的为数不多的国际化出版人才已难以满足中国出版"走出去"提质增效的需求，出版企业必须着眼于中华文化国际传播、提升国家文化软实力的战略要求，加快培养一批具有强烈市场意识，崭新知识结构、较强跨文化沟通能力的国际化人才。

一 培养国际化人才是出版"走出去"的必然要求

国际市场竞争即是品牌产品的竞争，更是品牌背后人才的竞争，优秀的外向型编辑人才、版权贸易人才、经营管理人才是出版企业提升国际竞争力、扩大国际市场占有率的根本保障。

1. 国际化人才在出版"走出去"中发挥重要作用

从 2005 年到 2018 年，跨越"十一五"和"十二五"两个中国经济社会发展和出版业改革转型的重要时期，中国出版"走出去"取得了突出的业绩，版权输出、实物出口和对外投资等总体规模不断扩大，国际市场占有份额不断拓展。从产品数据来看，版权输出数量大幅度增加，版权贸易逆差进一步缩小。2018 年，全国出版物版权输出 11830 项，比 2005 年的 1517 项增长了近 8 倍，出版物出口总金额超过 10092 万美元，比 2005 年的 3500 万美元增长了近 2 倍。中国出版企业的国际竞争力总体上呈逐年增强态势，中国出版已具有一定的国际竞争优势。这些业绩的取得，得益与国家对出版"走出去"的大力推动和支持，得益于出版企业国际化战略的实施，更得益于国际化出版人才队伍的辛勤努力。许多出版企业切实落实国家文化"走出去"战略，成立专门的版权贸易或国际营销推广机构，建设了一支懂语言、擅沟通、精业务、肯付出的国际化人才队伍，并在十几年的"走出去"工作实践中逐步成长起来。正是由于出版企业和国际化出版人才的不懈努力，中国出版"走出去"工作才取得了今天的成绩。

2. 优秀国际化人才匮乏是制约出版企业国际竞争力的重要因素

尽管中国出版"走出去"取得了较大进步，但是我们在国际图书市场所占的份额还不大，出版企业的国际竞争力还不强，我国出版物对外贸易还不平衡，与美英等发达国家相比，国际竞争力差距依然很大。其中根本原因在于我国国际化出版人才匮乏，特别是既有国际交流能力又懂版权贸易和国际市场运作的外向型人才可谓凤毛麟角。受制于此，我国出版"走出去"成果虽然近年来在数量上逐年大幅上升，但在全球领先的原创性成果并不多，品牌产品较少，国际营销渠道不够畅通，"走出去"出版物销量有限。对于我国出版产品难以进入外国主流社会的问题，既有产品内容难以被外国人所接受、不符合市场需求，以及尚未建立起有效的国际营销渠道等因素，但真正制约中国出版从"走出去"到"走进去"的关键还在于人，在于缺少国际编辑人才、国际版权贸易人才和国际营销人才。人才匮乏是制约出版国际化和出版创新的最大瓶颈。

3. 出版"走出去"提质增效亟须优秀的国际化人才队伍

出版企业实施国际化战略，推动中华文化"走出去"，这既是出版企业的责任，也是企业做大做强的需要，而出版国际化面临的主要问题，就是缺乏懂经营、善管理、跨文化沟通能力强的国际化人才。国际化人才的缺乏已经成为中国出版"走出去"发展的瓶颈，中国出版到了从"走出去"到"走进去"的关键节点。面对出版"走出去"提质增效对国际化人才培养提出的新挑战、新要求，出版企业应以增强国际竞争力为目标，以满足国外不同层次、不同群体受众的文化认同、融合发展的品牌产品建设为出发点，以解决中国出版对外贸易不平衡、难以走进国外主流社会为着力点，加大国际化人才培养力度。

二　国际化出版人才能力素质分析

《国家中长期教育改革和发展规划纲要（2010—2020）》提出，要培养大批具有国际视野、通晓国际规则、能够参与国际事务和国际竞争的国际化人才。这为国际化人才需具备的基本素质进行了清晰界定。在国际图书市场日益激烈的竞争环境下，从满足国际竞争条件和符合中国出版"走出去"对人才新要求的角度，国际化出版人才应具备以下能力素质。

1. 政治素质

中国新闻出版业是政治性、产业性、文化性都很突出的行业，国际化出版人才必须具备较高的政治思想素质和健康的心理素质，牢固树立高度的政治意识、大局意识、核心意识、看齐意识，不断强化责任意识、阵地意识、把关意识，具有较高的政治敏锐性和政治鉴别力。能够坚持正确的出版方向，准确把握正确的政治导向、思想导向、价值导向、文化导向，在国际交往中，遵守外事纪律，不做有损国格和人格的事情，不做有损企业利益的事情。

2. 国际视野

国际视野是指人们能从世界的高度认识当今国际社会，认识自己的权利和义务并在国际交往中有恰当的行为与态度。它是一个人在全球化背景下具有的意识、知识、能力的综合体现。国际视野宽广的人，才会有更高的平台、更广泛的机会，才能成就更高的事业。国际化出版人才应具备宽广的国际视野和国际战略眼光，具有开放意识和合作包容胸怀，注重国际合作与国际竞争，这样才能够立足长远，能够创新性地突破地域、文化的局限，创造性地解决问题，从而为企业的发展服务。从我们的实际工作中可以发现，一个具有海外工作经历，尤其是参与过国际项目的人，在思维方式、格局视野等方面都会体现出较为明显的优势，他们普遍责任心强、尊重他人、乐于沟通、善于协作。

3. 跨文化沟通能力

顺畅沟通是国际合作的基础。国际化出版人才必须具备较强的语言沟通能力，尤其要熟练掌握外语，能够用外语进行国际交流和贸易洽谈。除外语能力外，国际化出版人才还要具备跨文化沟通能力，这在国际市场开拓、研发设计、商务谈判、项目管理等过程中有着关键作用。美国莫朗（Robert T. Moran）认为跨文化组织管理需要一种协同效应，最佳协同作用是跨文化管理有效性的衡量标准，这种协同效应可以缓解文化冲突，增进文化间的融合性，提升商务竞争的核心力。国际化出版人才如果能用异域文化思维进行专业领域的交流与合作，就可以克服文化差异，增进文化间的融合性，实现有效沟通和协同，从而提升商务竞争的核心力，促使合作成功。

4. 业务能力

国际化出版人才，无论是编辑还是国际营销人员或版权贸易人员，都要具备较强的业务能力。打造国际化品牌产品需要品牌编辑，而品牌编辑必须具备优秀的专业基础和较强的选题策划能力、编辑加工能力、项目运作能力以及新媒体运用能力。国际营销人员和版权贸易人员则须熟悉产品内容，善于与作者、用户或读者沟通，熟练掌握营销技巧，能够通过多种方式、多种媒介向客户推荐产品，最终实现销售目的。

5. 国际事务能力

国际化出版人才要熟悉国际惯例、国际规则和外事礼仪，具有扎实的区域国别知识，了解对象国国情，在国际交往中能够以平等互利、合作共赢的理念，采取让对方理解和接受的方式进行交流与合作，从而在国际化竞争中把握机遇和争取主动。国际化出版人才还要懂得国际运作，具备独立运作能力，能够组织国际会议、国际书展等国际活动，能够独立洽谈国际合作项目和开展经营业务。

6. 信息处理能力

信息处理能力包括信息的收集存储、信息分类、信息统计分析、信息编辑加工、信息重组、信息存取能力。信息时代编辑运用网络获取信息和处理信息的能力越来越重要，国际化编辑需要具备应用多种信息载体、遴选众多复杂信息、建立数据资源库等信息处理能力。国际营销人员和版权贸易人员需要具备敏锐快捷的信息收集能力，把掌握的市场信息整理后反馈给编辑，编辑根据来自市场的第一手资料，分析读者的需求，进而策划出符合国际市场需求的图书产品。同时，编辑还要及时把加工过的产品信息交给营销人员和版权贸易人员，使得他们熟悉并掌握图书产品的核心内容，积极开展有效的营销推广。

7. 创新意识与创新能力

创新素质是国际化人才应具备的最突出的素质，创新能力是国际化人才成长的动力源泉。出版产业属于文化创意产业，从选题内容、产品形式到出版方式、营销模式，整个出版过程都需要贯穿创新意识。

创新是出版企业的核心竞争力，只有不断创新才能促进企业可持续发展。因此，国际化出版人才需要具有强烈的创新意识和较强的创新能力，在出版"走出去"工作中勇于创新，探索"走出去"的新方法、新路径，从而增强"走出去"工作的实效。

三　国际化出版人才培养途径

国际化人才是增强出版企业国际竞争力的重要保证。在中国出版"走出去"提质增效的背景下，对国际化人才提出了更高的要求，出版企业应实施人才创新工程，构建出版企业国际化人才培养体系，着力培养一批具有全球视野和战略决策能力的出版领军人才、具有国际市场意识和开拓创新意识的编辑策划人才、熟悉国际贸易规则的版权贸易人才、熟悉国际出版产业运作的经营管理人才、掌握现代传媒技术的专门人才，构建具有国际化、专业化、现代化特色的新型人才队伍，为出版"走出去"奠定可持续发展的人才基础。

1. 构建富有自身特色的国际化人才培养体系

出版企业应将国际化人才培养作为实施国际化战略的重要组成部分，使其成为企业管理的一项基础性、常规性和长期性工作。出版企业要站在推动中华文化"走出去"的战略高度，根据企业的发展特色、发展定位和"走出去"的发展阶段，准确把握国际化人才需求的发展趋势，科学制定国际化人才培养制度和人才培养规划，完善人才培养机制，形成带有自身特色的国际化人才培养体系。通用电气公司是全球500强最大公司之一，市值达4500亿美元，曾排名世界第一。其取得如此骄人的业绩，原董事长、CEO杰克·韦尔奇认为是通过创建学习型组织，不断学习实现的。他曾在公司的年度报告中指出"一个企业变成一个学习型组织，对于企业来说，要有这么一个核心理念，就是必须具备不断学习的欲望和能力；并且还要具备以最快的速度将所学的一切转化为行动的能力，竞争力就是如此提升的"。出版企业要把国际化人才培养与自身的国际化战略、品牌战略结合在一起，把传统的人力资源管理提升到企业国际化战略层面，通过对企业人力资源的整合来驱动国际化人才队伍建设，进而培养业务水平高、具有国际视野的优秀编辑队伍和具有语言优势及丰富国际合作经验的营销队伍与版权贸易队伍。

2. 注重国际化人才的整体性培养

一是建立和完善市场导向的国际化人才培训模式，加大对国际化人才的业务能力、外语水平和跨文化沟通技巧的培训力度，提高培训的针对性和有效性。通过素质培训与业务培训相结合、国内专家培训与出国培训相结合、短期培训与中长期培训相结合、普遍培训和重点培训相结合来提升国际化人才的综合素质、专业水平、国际交往能力和实际操作运营能力，以满足"走出去"工作的要求。比如，高等教育出版社在国际化人才培养方面就下了很大功夫，他们多次选派人员到英国、澳大利亚培训进修，了解国外出版业的发展战略和发展趋势，学习国外先进的出版理念和管理经验。通过参观、座谈这种零距离的接触，使员工既开阔了眼界，也较深刻地了解了国外出版社的经营理念、运作模式和选题开发、市场调研的方式，并促使他们对一些问题进行深入的思考。

二是在企业内部实施定期的业务交流活动，编辑部门与国际营销部门开展定期交流，编辑部及时提供产品信息、咨询服务和业务培训，国际营销人员广泛进行营销宣传、市场拓展，双方紧密协作。

三是树立以读者、市场为中心的经营理念，安排编辑、营销人员走出国门，走入国际图书市场，真正了解国际市场需求，学习国外先进的出版理念、选题策划、运作模式和管理经验。创造条件让编辑参加国内外学术研讨会，掌握专业领域发展的最新动态。一切从国际市场需求出发，对图书出版的全过程精心策划，创建国际品牌产品。

3. 建立国际化人才成长协作机制

组建由编辑和版权贸易人员及国际营销人员组成的"走出去"品牌项目组，共同开展品牌项目的市场分析、策划设计、营销推广。一方面，版权贸易人员和国际营销人员熟悉国际图书市场，了解用户需求，可以为项目开发提供准确的市场信息。另一方面，版权贸易人员和国际营销人员在参与品牌图书项目的过程中，能够全面了解项目策划、作者、图书主要内容等，有利于图书出版后的营销推广。同时，编辑参加项目营销策划会和营销推广会，与版权贸易人员和国际营销人员共赴国外开展市场营销活动。此外，建立以绩效为根本的项目激励与考核机制，综合考核项目版权输出、实物销售数量和市场占有量以及"走出去"工作落实情况，把编辑与版权贸易人员、国际营销人员的利益紧密结合在一起，形成利益共同体，促进编辑与版权贸易人员、国际营销人员优势互补、利益共存、相互促进、共同成长。

4. 增强国际化人才的实践性培养

业务实践是人才培养的重要手段，国际化人才需要在出版"走出去"的实战中锻炼成长。国际化人才培养应坚持学习与实践相结合、培养与使用相结合的原则，积极拓宽国外培训渠道，组织到国外进行实践，促进国际化人才在实践中不断增长知识，开阔视野，提升能力。

第一，强化国际交流与合作对国际化人才培养的作用，鼓励和支持各类国际化人才参与国际合作项目。支持外向型编辑参加国际学术会议，赴国外进修等，加快国际化编辑人才的培养。加强与国外著名出版机构的合作，建立中外出版企业人才交流培训机制，双方人员定期开展业务交流、技能培训等活动，在实际工作交流中获取知识、得到经验。支持国际化人才参加重要国际书展，借助国际图书贸易平台，洽谈合作，收集国际出版资讯，了解国际出版动态和需求，提升与国际同行的沟通能力和对国际图书市场的掌控能力。

第二，随着我国出版企业实力的增强，许多出版企业在国外设立了分社（公司）、国际编辑部，有些出版企业还并购了国外的出版公司等。出版企业的海外投资为国际化人才培养提供了难得的实践平台，可以采取国内国外联合培养的模式，定期选送编辑和营销人员去国外分支机构工作，在海外本土一线锻炼成长，逐步建立一支熟悉国外市场、了解国外风土人情和法律，懂得跨文化交流，有实战经验的国际人才队伍。例如，北京语言大学出版社每年派出50人次出国参加教学研讨会、国际书展；派出专业编辑到北语社北美分社工作，直接面向用户市场，及时了解海外教学情况、掌握教师资源，了解海外对汉语教材的需求，以便更好地策划本土化汉语教材。

5.选拔跨文化经营管理人才

目前我国出版企业在海外设立各类分支机构400多家，与70多个国家的5500多家出版机构建立了合作伙伴关系。随着在境外投资、设点越来越多，我国出版企业在跨国经营中面临的最大挑战在于如何将自己的文化理念融入当地，遇到的最大障碍在于缺乏跨国经营管理的人才。各国的政治、经济、法律制度不同，所涉及的问题纷纭复杂，要想经营好一个国际化企业，就必须培养出具有跨文化经营管理经验的团队。除了企业自己培养外，还可以从以下三个资源领域选拔跨文化人才。

第一，从留学回国人员中选拔人才。根据教育部公布的数据，从1978年到2018年底，各类留学回国人员365万人，仅近三年各类留学回国人员就达到143万人。这些留学回国人员外语好，有国外学习生活经历，熟悉留学国家的政治、经济、法律、文化，具备跨文化沟通能力，出版企业可以充分利用丰富的留学回国人才资源，选拔补充到自己的国际人才队伍。

第二，从来华留学人员中选拔人才。根据教育部公布的数据，从1978年到2018年底，共有来自200多个国家和地区的508万名各类外国留学人员来华留学，仅近三年就有142万人。这些来华留学人员是我国出版企业海外分支机构可以选用的人才资源，他们懂汉语，熟悉中华文化，再加上自己的本土语言、文化优势，出版企业海外分支机构可以发挥他们的桥梁、纽带作用，开拓市场，挖掘需求，尽快在海外落地生根。

第三，从当地选拔本土人才。人力资源本土化是跨文化管理的关键一环，聘用本土人才是出版企业海外分支机构在海外站住脚的重要措施。本土人才熟悉本地的经济、政治、法律和文化环境，与当地公司和国家机构能够更好地交流，可以建立和改善与业主、政府部门等的关系，获得市场信息，拓展市场领域。还可以避免文化冲突，实现海外分支机构与当地文化的融合。如人民卫生出版社在收购了加拿大BC戴克出版公司资产后，在团队建设上采取了本地化策略，聘用当地的管理人员、编辑和销售，并委托第三方财务公司处理日常事务，国内总公司只掌握年度选题的大方向，财务方面每个月对分公司进行财务报表跟踪，监督其消费合理性。

6.培养国际化创新型人才

创新是企业的核心竞争力之一，创新型优秀人才是构成企业竞争力的核心因素。在媒体融合时代，出版企业应致力于国际化新型人才的培养，必须着眼于中国出版"走出去"、提升文化软实力的战略要求，适应出版业转变发展方式、实现转型升级的新需要。出版产业是内容产业，其创新主要体现在内容的创新，而内容的创新又离不开编辑的创新。编辑独到的编辑创新力是出版产业竞争力的核心，编辑要在"走出去"图书出版理念、产品策划、出版内容、出版方式上创新，产品要以实现文化融合为目标，要考虑读者的文化背景、阅读习惯等，以满足国外不同类型、不同层次读者的需求。出版企业还要培养业务能力强、具有国际视野、熟悉新媒体技术、擅长用新媒体与客户、作者、读者沟通和营销推广的人才。通过借鉴国际领先的出版模式提高管理者的管理水平、提升出版理念。

国际竞争的根本在于人才的竞争，提升国际竞争力、推动出版"走出去"的关键在于国际化人才。国际化人才的文化品位、专业素质、业务能力、跨文化沟通能力和创新能力等关系到出版企业的对外形象和品牌影响力。我国出版企业要想在国际竞争中立于不败之地，必须培养出优秀的国际化人才。"走出去"工作需要靠有能力、有经验的各类人才推动。因此，出版企业要高度重视人才培养，进一步健全人才培养机制、激励机制和考核机制，完善市场导向的国际化人才培养模式，加强国际化人才队伍建设，着力造就一支业务能力强、具有国际视野和创新意识的国际化人才队伍，以人才战略提升中国出版企业的国际竞争力。

第五章 国际汉语教材出版与"走出去"

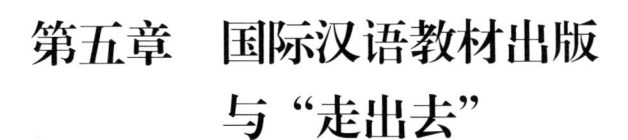

随着中国迅速增长的经济、市场吸引力与国际影响力，全球学习汉语的人越来越多，汉语正随着中国的崛起而走向世界，成为世界范围内一种重要语言。2018年12月4日国务院副总理、孔子学院总部理事会主席孙春兰在第十三届全球孔子学院大会上指出，构建人类命运共同体，推动各国共同繁荣发展，需要更好地发挥语言在增进理解、凝聚共识、促进合作、深化友谊中的独特作用。语言教育是打破人们交流障碍的手段，能够促进文化理解与认同，进而实现文化互通与交融。以汉语国际教育和国际汉语教材为载体，巧妙融入中华文化内容，能够达到"润物细无声"地传播中华文化的目的与效果。国际汉语教材出版作为中国出版"走出去"的重要组成部分，已成为讲好中国故事、展示中国形象、提高我国国际传播能力、增强国家文化软实力的有效途径。

一 语言推广与文化软实力

美国哈佛大学教授约瑟夫·奈在1990年提出了"软实力"概念。

他认为,"软实力"是指一个国家的文化、价值观念、社会制度、发展模式的国际影响力与感召力,其核心理论是:"软实力"发挥作用,靠的是自身的吸引力,而不是强迫别人做不想做的事情。软实力在综合国力竞争中越来越重要,任何一个国家在提升本国政治、经济、军事等硬实力的同时,更要重视提升本国文化软实力。文化软实力是国家软实力的核心因素,在全球化和信息化时代,国与国之间的影响不断地扩大,很多国家都把传播本国文化作为国家战略。

语言是文化的载体,是人们互相沟通了解的桥梁,语言的国际化程度是国家综合实力的体现。"任何语言的背后一定是文化,学习语言的过程就是在学一种文化,教授语言也就是在传播文化"。[①] 世界各国都很重视语言的传播和推广,很多国家都将语言传播纳入国家文化战略与外交战略的框架内,将语言推广作为增强国家软实力、提升国际地位的重要战略手段。

■英国于1934年成立"英国文化协会"(British Council),其宗旨是推广对外英语教学,增进外国对英国文化的了解,推广英国的价值观念。目前在全球110个国家有223个分支机构和138个教学中心,雅思考试(IELTS)是英国文化协会重点推广的项目之一。

■法国于1883年成立"法语联盟"(Alliance Francaise),其宗旨是教授法语和传播法国文化,目前在全球138个国家建立了1135个分支机构,在中国有15个法语联盟分部。每年有超过50万名学员在法语联盟学习。

■德国于1951年建立"歌德学院"(Goethe-Institut),是德

---

① 崔希亮:《汉语热持续升温将成重要国际通用语言》,中国教育新闻网,2007年9月6日。

国最大的德语传播和推广机构，其宗旨与目标是促进国外的德语语言教学，增进与各国的文化交流。目前已在92个国家和地区设立了149个分支机构。

■西班牙于1991年创建"塞万提斯学院"（Instituto Cervantes），其宗旨是推动西班牙语教学和西班牙其他官方语言的教学，传播西班牙语文化。目前已在30多个非西语国家设立了70多个分支机构。

■日本政府于1972年出资50亿日元设立了"国际交流基金会"，其宗旨是促进日本语在海外的普及，资助与日本相关的科学研究，向世界介绍日本文化。日本将在海外增建100个"日语中心"，利用日语推广本国的文化。

■韩国于2007年创建"世宗学堂"，旨在世界范围内提供韩语教育和传播韩国文化，增进各国对韩国的了解。目前全球世宗学堂已达177所，分布在52个国家。

■中国于2004年创建孔子学院，其宗旨是教授汉语和传播中国文化，成为中外语言文化交流的窗口和桥梁。其主要业务是：开展汉语教学；培训汉语教师，提供汉语教学资源；开展汉语考试和汉语教师资格认证业务；提供中国教育、文化、经济及社会等信息咨询；开展当代中国研究。根据孔子学院总部公布的数据，截至2018年12月，我国已在全球154个国家和地区建立了548所孔子学院和1193个中小学孔子课堂以及5665个汉语教学点，70多个国家已将汉语纳入国民教育体系，汉语学习人数超过1亿人。各地孔子学院充分利用自身优势，开展丰富多彩的教学和文化活动，已逐步形成了各具特色的办学模式，成为各国学习汉语言文化、了解当代中国的重要场所。约瑟夫·奈说，中国在世界各地建立孔子学院，吸引越来越多的外国人学习中国语言和文化，是中国改革开放以来"软实力"提升的一种具体体现。《纽约时报》

也刊文指出,"中国正在用汉语文化来创建一个更加温暖和更加积极的中国形象"。《华尔街日报》发表《汉语推广热全球》一文评论:"中国政府的汉语推广战略的高明之处在于:推广教育和语言有助于加深外部世界对国家的了解,是扩大一国影响力的最有效途径。战舰能让别国人民暂时臣服,而让他们理解你的语言却能使大家成为朋友。"

二 汉语教育与出版:半个多世纪的发展历程

中国现代的、成规模的将汉语作为外语的教育和出版事业,开始于20世纪50年代初期,至今已经历了三个阶段。

50年代到70年代是第一个阶段。中国第一部对外汉语教材《汉语教科书》,于50年代后期正式出版,在国内外曾产生很大的影响。该书除英语、俄语等语种的注释本外,还出版了越南语、印尼语、缅甸语等小语种注释本。这一阶段尽管中国出版的汉语教材数量还不多,但当时的一些精品教材,除上述《汉语教科书》外,像70年代北京语言学院专家和教师编写的《基础汉语》《基础汉语课本》等,已逐步走向世界,为很多国家的汉语教师和学习者所采用,标志着中国作为汉语的母语国为外国人学汉语提供帮助的开始。从世界第二语言教学的发展来看,这二三十年正是结构法教学盛行的年代。中国对外汉语教学工作者从汉语教学实际出发,借鉴外语教学特别是英语教学的理论和经验,积极探索汉语的教学特点和规律,在西方的语法翻译法、听说法、视听法的基础上,提出了加强实践性的原则。由于对外汉语教学是一门新兴的学科,当时对出版对外汉语教材还没有在出版界引起足够重视。

80年代和90年代是对外汉语教学和出版事业发展的第二阶段。随着中国对外汉语教学事业的发展,越来越多的高等学校和教育机构加入对外汉语教学领域。这一学科得到了国家和社会的承认，教学理论研究和教材编写进一步展开。这一时期在西方语言的教学和教材编写中，以功能为导向的交际法、任务法已成为主流。由北京语言学院编写的、体现结构与功能相结合原则的《实用汉语课本》，成为八九十年代世界上使用最多的基础汉语教材之一。1985年，专门从事对外汉语教学与研究出版的专业出版社——北京语言大学出版社正式成立，从此担负起汉语作为第二语言教学资源最主要的生产基地和研究中心的使命。

进入21世纪以来，对外汉语教学和出版事业经历了第三阶段。随着中国经济的迅速发展，世界很多地方出现了学习汉语的热潮，中国政府也加大了帮助外国人学习汉语的力度，中方与外方合办的孔子学院和孔子课堂遍布世界各地。汉语教学的需求和教学资源出版的需求日益增长，汉语教育事业和出版事业出现了前所未有的大发展，越来越多的出版社也参与到这项事业中来。2005年以来对外出版的汉语教材和教学辅助材料已超过1万种，其中北京语言大学出版社出版的汉语教材3000多种，覆盖了100多个国家和地区。

三　探索适合汉语特点的教学体系和出版之路

60多年来，中国的汉语教育工作者和出版工作者，一直密切关注世界外语教学理论和语言教育出版事业的新进展，认真研究并汲取英语教学的成功经验，努力使汉语作为第二语言的教学和教材编写与世界第二语言教学相接轨。我们认为英语教育的普遍规律，同样适用于汉语作为外语的教育。中国传统的语言教育思想，如"语文合一""学以致用""因材施教"等与今天所提倡的语言教学要体现多元文化，语言教学的根本目标是培养语言的运用能力以及以学生为中心，强调课堂上的互动、"用中学"等教学理念是相通的。这些理念既是汉语教学的指导思想，也是汉语教育出版事业的指导思想。

此外，汉语作为一种与绝大多数外国学习者的母语没有谱系关系，而且距离很远的目的语，在语音、词汇、语法、文化因素等方面都存在很多特点，特别是还有汉字这一独特的文字系统。这就使汉语的学习和教学体现出较大的特殊性和一定的难度。以语法为例，不论是西欧、东欧或北美、南美甚至中亚的学习者，其母语都是形态变化的语言，他们习惯于性数格时态体的变化。当他们学习彼此的语言时，由于目的语和母语之间存在着共同之处，已有的母语知识与习惯有利于，甚至会帮助他们掌握目的语，也就是能发挥语言习得理论所提出的母语的"正迁移"作用。而学习汉语时则完全不一样，汉语没有严格意义上的形态变化，它主要是以虚词的使用和词序的变化作为语法手段，这是来自上述地区的学习者所不熟悉的，他们的母语知识和习惯不仅不能帮助他们学习汉语，而且很多时候还会造成干扰，甚至成为偏误的来源。正是这种特殊性和难度，要求我们在借鉴英语教学和教材编写的基础上，要进一步研究汉语的特点和汉语学习与教学的特殊规律，从而找出适合汉语特点的教学体系和出版之路。

四 国际汉语教材出版的现状与问题

汉语教材建设是实施汉语教学的重要组成部分。随着国际汉语教育的发展，汉语教材出版数量也有了显著增长，基本满足了国际汉语教学的需求，但真正符合海外汉语教学和学习需求的品牌汉语教材还不多。

1. 国际汉语教材的现状

（1）国际汉语教材数量增长迅速，教材的种类不断丰富，已经初步形成面向来华留学和海外汉语学习的多种层次、多种类型的国际汉语教材体系。据统计全世界现已出版各类国际汉语教材10000余种。

（2）为世界各地的汉语学习者提供了来自汉语母语国的教材，一些教材已成为世界上广泛使用的汉语教材。如北京语言大学出版社出版的《新实用汉语课本》，自出版以来一直深受好评，截至目前，图书重印累计多达200余次，已被奥地利、澳大利亚、比利时、德国、俄罗斯、法国、韩国、荷兰、加拿大、捷克、卢森堡、美国、墨西哥、日本、泰国、土耳其、西班牙、希腊、新加坡、印度、印度尼西亚、英国、越南等海外2000多家大学、中学和汉语教育机构所采用。目前《新实用汉语课本》已成为国外大学中文专业使用最广泛、最有影响力的汉语教材，累计销量已经超过160万册。法国、德国、韩国、日本等国均购买了版权。

（3）"汉语热"带动了汉语教材出版热，国际汉语教材出版空前繁荣。迄今为止，国内有120余家出版社出版国际汉语教材，传统出版汉语教材的出版社有北京语言大学出版社、华语教学出版社、北京大学出版社、人民教育出版社，其中北京语言大学出版社是国内唯一一家国际汉语教材专业出版社。

（4）从国家层面到出版社层面都十分重视国际汉语教材的研发出版，国际汉语教材开发和推广呈现出立体化、市场化、国际化和本土化的趋势，出版特色初步形成。

2.国际汉语教材存在的问题

（1）现有的国际汉语教材种类繁多，但普遍受到海外汉语学习者喜爱的不多。这是由于缺乏针对特定的教学环境、学习群体的教材，还不能很好地满足不同国家汉语学习者的需求，无法适应汉语在世界各国的发展。

（2）有些教材过于强调交际功能而忽视了语法、语音、汉字教学，没有体现由易到难，循序渐进的教学规律，单纯为了实现交际功能而交际，不符合成人二语习得规律。

（3）趣味性是国际汉语教材不可缺少的要素，趣味性应建立在科学性和规范性的基础之上。但现在有些教材片面强调趣味性，而忽视了科学性。

（4）教材和教学资源不适应外国人的思维和生活习惯，缺乏外国人易于接受的语料和场景。

（5）国际汉语教材出版存在跟风现象，有些教材是在同一水平重复，有些则缺少个性化。汉语教材出版蜂拥而上的状况，势必造成汉语教材出版的短期行为，为求数量和速度而忽视教材的质量，这样必然会制约汉语教材的良性发展。

北京语言大学刘珣教授认为，"加快汉语走向世界，教学模式和教材的研究起着十分关键的作用，中国作为汉语的母语国应当向世界提供最好、最有效的汉语教学模式和汉语教材"。北京大学陆俭明教授提出："目前汉语教学研究的重点是要制定出针对不同国别、不同语种的汉语教材，同时摸索出一套适宜的教师培训模式"。

五　国际汉语教材的发展趋势

随着世界汉语教学的蓬勃发展，从教与学两个方面，都对国际汉语教材建设提出了更高的要求，单纯的纸质教材已不能满足汉语教学和学习的需要，多媒介融合的立体化、本土化的国际汉语教材已成为发展的必然趋势。国际汉语教材出版社应创新教材建设理念，组建由国内外一流汉语教学专家、教材编写专家和优秀专业编辑组成的教材研发队伍，注重研发国际汉语教材精品，打造一批在世界有影响力的品牌作者、品牌编辑、品牌教材，只有这样才能解决汉语国际推广的瓶颈问题，才能真正地扩大国际汉语教材市场。

1. 创新对外汉语教材建设理念，研发符合需求的汉语教材

教学理念是教材设计的理论基石，教材是教学理念的具象化。不同的教材体现了编写者的不同教学理念。只有做到编写者的教学理念与出版社的出版理念有机融合，才能编写出精品的汉语教材。从当前海内外优秀汉语教材来看，汉语教材出版应致力于满足教学需要，满足学生需要，努力使汉语教学理论研究成果与教材设计相结合，使汉语教材研究与教材开发相结合，使汉语教学实际与教材编写相结合。

（1）对国际汉语教材市场进行全面深入的调查、研究，制定科学的研发规划

① 调查了解国内外汉语学习者的情况，密切关注对外汉语市场动态，即时开发符合市场需求的汉语教材。衡量一套教材好坏的两个重要指标是看教材的销量和覆盖面，不能满足市场需求的教材难以称得上是好教材。

② 调查现有对外汉语教材品种，梳理出教材等级、技能、品种等结构框架，构建出版社对外汉语教材全品种开发框架。

③ 密切关注第二语言教学理论与实践的发展动态，构拟新的教材体系，推陈出新，实现教材的更新换代。

④ 密切关注新的媒体形式所带来的新的教学模式，探寻如何使汉语教材在不同媒质上充分延展，如何充分利用新媒体的优势实现汉语教学方法的革新，为开发新型教材提供思路。

（2）按照第二语言教学的理论和方法，充分体现现代汉语教材的特点

在对外汉语教材研发中，按照第二语言教学的理论和方法，努力体现以下特点。

① 以不同汉语教学类型、课程类型和教学对象及其学习目的为出发点，注重教材的针对性。

②遵循第二语言教学原则，注重教材的科学性和规范性。

③以语言技能训练为主，突出第二语言教材的实践性。

④在教材设计和编写过程中尽可能增强教材的趣味性。

⑤利用多媒体和现代网络技术实现教材的立体化。

（3）建立出版社前期参与，作者、专家、编辑共同策划研讨的教材研发机制

一套优秀的教材，除了需要优秀的作者，还离不开优秀的编辑。从实践来看，改变以往作者编写完教材再交给出版社编辑加工的传统教材出版模式，而采用出版社与作者先联合立项，出版社参与教材项目的前期策划与大纲的初步制定，组织国内外一流教学专家、教材编写专家对项目进行研讨，最后确定教材大纲，并进行项目的中期和终期评估，提出修改意见；教材成稿正式出版前，再进行1—2个学期的教材试用与评析，能够更好地保证教材质量；这种学术与实践相结合的教材出版方式，也有助于促进作者编教水平和编辑业务水平的提高。

2.研发国际汉语教材精品，打造世界品牌

一是要深入研究国外汉语教材市场的需求，对不同细分市场的需求进行细致的辨认和区分，找到好的切入点。将汉语教材出版与教学研究、教学实际相结合，从为课程教学提供单一的教材出版形式向提供全方位的解决方案转变，研发一批能够满足不同国家、不同年龄、不同类型学习者需求的国际汉语教材。

二是要致力于多媒介的汉语教学资源的开发，为汉语教学提供数字化教学资源服务和简便有效的教学设计、教学环节、教学方法及大量的教学素材，为教师提供完整的教学支撑，帮助教师更好地完成教学，这也有助于不同地区不同教师达到相同的教学质量。

三是要在加强新产品研发的同时，注重对老产品的维护与延伸。

一方面，要及时对品牌教材进行修订，巩固发展已有的品牌优势；另一方面，要进行品牌资源的深度开发，在产品品种和载体形式方面做细做全，使出版资源在更广阔的空间得到持续开发和利用。

3. 研发多种媒体融合的立体化汉语教材

基于传统媒介与现代数字媒体交融的新格局，围绕传播中国文化和立体化汉语教学，国际汉语教材需要实现立体化发展，促进教师更广泛地使用现代媒体技术，在教学中采纳更多的数字化汉语教学资源，从而推动教育教学改革和教学方式的转变，以达到更好的教学效果。立体化汉语教材建设，就是综合考虑教学对象、媒体表现形式、解决问题的角度等不同层面的要求，由单一纸质汉语教材，向以纸质教材为基础，以多种媒体教学资源和多种教学服务为内容的结构性配套的教学出版物的集合的转变，综合运用各种媒体并发挥其各自优势，形成媒体间的互动，从而为汉语教学提供切实可行的整体解决方案。

4. 研发海外本土化汉语教材

国际汉语教材改革的目标，也是海外本土化汉语教材研发的总体思路，具体来说，就是要符合语言学习规律和教学规律，以学生为中心，针对教学需要，从汉语、汉语教学的特点和地域特点出发，继承对外汉语教材的成功经验，借鉴国外外语教材的长处，有效掌握市场需求，研发本土化汉语教材，解决当前多数国际汉语教材不符合外国人需要、语言翻译不地道等现实问题，从而使我们的汉语教材真正在海外落地生根、开花、结果。

海外本土化汉语教材的研发，具体应注意以下几点：一是要以目标学生为主体，充分研究国外学生身心发展特点和语言学习规律，结合目标学生的自身语言和实际生活，编写符合国外学生语言学习规律的汉语教材。二是要构建互动、有趣的语言学习环境，满足多样化、个性化、实用化需求。注重各种媒体的立体化教学设计，激发学生的学习兴趣，有效提高语言学习效果。三是要实现多种媒体融合。立足教学，研发新型数字化教材，创建将课上教学与课下学习、课堂互动与人机互动、共性教授与个性辅导、教学与评价结合在一起的教学系统，全方位满足不同类型、不同层次的教学需求。

5. 集教学研究、教材研发、教师培训于一体

国际汉语教材出版社首先应是汉语教学研究机构，要积极参加到有关语言教学的前沿课题、紧迫课题的研究中去。只有站在这一学术高度，才能保证出版物的质量，才能使出版物起到引领学术潮流的作用。英国、美国出版界的同行们在这方面的经验值得我们借鉴。与发展历史较久、理论基础深厚、实践经验丰富的英语、法语、德语、西班牙语、俄语等作为第二语言教学不同，汉语作为第二语言教学在世界范围内的兴起时间还不长，基础还比较薄弱，特别是理论研究方面还有大量的工作要做。为了解决教学和教师培养中出现的新问题，特别是教材研发中的创新问题，出版社需要加强自己的研究力量，创建一批一流的国内汉语教学研究专家，与国外的汉语教学专家和汉语教师保持紧密联系，获得第一手的教学资讯，直接听取教师对教材的意见，从而保证教材的质量。

汉语教材出版社应本着为国际汉语教师搭建"教学研究平台、学习提高平台、教材研发编写平台、教学资源提供平台"的宗旨，开展多种形式的教学研究与教师培训活动。一方面，通过组织这些学术活动，能够促进对外汉语教学的研究，帮助汉语教师了解和掌握教学的方法和技巧，提升教学研究水平；同时还可以使教师更好地理解教材编写者的编写意图，更好地理解教材所体现的教学理念、教学的模式、教学的方法及教学进度安排等，为教师使用教材提供帮助，从而达到最好的教学效果。另一方面，积极参与海内外汉语教学学术研讨会，在参加学术研讨的同时举办优秀汉语教学资源展，既能掌握海外汉语教学的发展动态，又推广了优秀汉语资源，使教材研发出版更有针对性。这些学术交流活动，能够强化出版社与海内外汉语教学单位和汉语教师的交流与合作，促进对市场信息的准确掌握和分析，带动教材的开发与推广，从而将学术研究、教师培训与教材研发、资源服务有机地结合在一起，实现"产学研"一体化。这样，出版社在服务教学的同时也扩大了自身的影响力，树立起自己的品牌。

六 国际汉语教材的营销推广

营销渠道建设是汉语教材国际推广的重要环节，只有建立有效的营销渠道，才能使海外汉语学习者看到我们的教材，了解我们的教材，使用我们的教材。国内汉语教材出版社应加大海外营销渠道建设的投入，探讨有效的营销模式和促进机制，整合国内外资源，搭建起有效的海外营销平台，使国际汉语教材快速推广到世界各地。

1. 有针对性地进行版权输出

版权输出既是汉语教材国际推广的有效途径，也是提升出版社品牌影响力的重要因素。根据海外市场布局，以产品进入国外主流社会为目标，有针对性地开展国际汉语教材版权输出。通过版权输出，借助外力将汉语教材推广到世界各地，让海外汉语学习者能够看得到、买得到，实现真正意义上的"走出去"。

2. 设立海外代理经销点和经销商扩大实物出口

根据海外市场需求，对海外市场进行全面规划，合理布局，科学建立代理经销点并扶持其发展，通过代理经销商进入当地教育资源体系、主流书店和发行公司。北京语言大学出版社每年实物出口总量能够在 3000 万元码洋左右，很大程度上得益于这些海外代理机构和经销商的设立。

3. 与国际出版机构合作推动汉语教材出版与营销

汉语教学资源的出版，不仅有助于汉语国际教育事业的发展，也有利于国际出版事业的繁荣。国内汉语教材出版社应高度重视与外国出版机构开展汉语教材出版合作，采取多元合作模式，共同开发不同类型的本土化汉语教学与学习资源，创建以国际知名出版商销售商为重点的主流渠道平台，借助其销售渠道，共同推动汉语教材进入外国主流社会。

4. 与海外孔子学院合作促进汉语教材国际推广

积极与全球孔子学院开展战略合作，全面掌握全球孔子学院发展动态和信息资源，创新与孔子学院合作的内容与模式，提供汉语教学信息、资源和配套服务，构建科学、有效的本土化教材研发模式，以高质量、高标准的专业水平，为孔子学院提供标准教材和教材推广模式。在服务于孔子学院汉语教学的同时，借助全球孔子学院平台推广国际汉语教材，实现优势互补、合作共赢、共同发展。

5. 建立网上销售平台实现网上订购和网上支付

依托网上电子商务系统实现的跨境网络销售平台是实施海外立体化营销体系的重要组成部分，也是汉语教材海外营销的重要渠道。如今汉语学习者遍布世界各地，通过创建跨境网络销售平台，可以解决海外用户分散，信息、货物传递不及时等难题，还能够跨越国家，实现与教师或学习者的直接交流沟通，提供及时有效的服务，从而扩大汉语教材的覆盖面。

6. 创建海外分支机构，实现本土化发展

创建海外分支机构有利于本土化产品开发和海外营销渠道建设，是我国出版企业开拓海外市场，增强国际竞争力的新举措。它不仅会使中国图书更多、更直接地进入海外主流市场，而且还将通过资本运作的方式参与国际市场竞争。2012年北语社在美国芝加哥创建了北美分社，旨在开拓北美市场，打造海外基地。迄今为止，北语社出版的汉语教材已经进入了美国6个州、加拿大1个省的国民教育体系。继北语社创建了北美分社之后，中国人民大学出版社创建了以色列分社，北京师范大学出版集团建立了北京师范大学出版社约旦分社，外语教学与研究出版社在法国成立了中国主题编辑部等，这些海外分支机构都是为了进一步实现图书本土化，而最终目标就是让中国图书从"走出去"到"走进去"，真正进入外国主流社会市场。

在构建人类命运共同体的宏大视域下，汉语国际传播在促进世界各国交流、加强中国与其他国家的合作、推动经济共同发展的过程中发挥着不可忽视的作用，一些国家已将汉语学习纳入国民教育体系。随着汉语国际推广的深入，汉语国际教育在中华文化国际传播过程中的窗口作用日益明显，肩负着讲好中国故事、传播好中国声音的重要任务。汉语教材是实施汉语教学的工具，也是中华文化国际推广的一个有效载体，汉语教材出版越来越走向国际化、本土化。因此，汉语教材的研发出版应根据汉语国际推广的需要，加强理论研究、应用研究与实践探索，创新理念与方法，打造高质量的品牌汉语教材，构建多层次、多维度、立体化的国际汉语全球推广与服务体系。按照市场化运行机制，向纵深领域做深、做透，不断拓展品牌覆盖面及影响力。通过创建多种模式、稳定有效的海外营销渠道，推动国际汉语教材的营销与推广，从根本上保证汉语教材进入更多国家与地区的主流社会，潜移默化地进行中华文化的国际传播，提升中华文化的国际影响力。

第六章　国际化视野下大学出版社"走出去"立体化格局建设

"十二五"和"十三五"期间，中国出版业积极实施"走出去"战略，取得了显著成效，引起全球出版界的广泛关注。作为出版"走出去"的生力军，大学出版社"走出去"工作也取得了较为突出的业绩，尤其在国际汉语教学产品、相关文化产品及学术出版物"走出去"方面，更是硕果累累。然而，相较于国际一些著名高等教育出版机构和大型教育出版集团，我国大学出版"走出去"工作仍存在一定差距。这些国际著名教育出版机构的国际化战略及举措很值得我们去深入探究、摸索规律。本章选取在大学出版国际化方面具有相当成功经验与影响力的牛津大学出版社（简称"牛津社"）、剑桥大学出版社（简称"剑桥社"）和在国际汉语教材出版与国际推广方面具有一定成功经验的北京语言大学出版社（简称"北语社"）三家出版社作为研究对象，从国外、国内两个维度归纳总结大学出版社国际化发展的战略思考的模式及实施策略，从"走出去"战略实施的格局建设角度，为进一步推进中国大学出版"走出去"提供切实可行的思考方法和实战经验。

第六章　国际化视野下大学出版社"走出去"立体化格局建设

一　国际化视野下大学出版"走出去"的主体内容和现实意义

"十三五"期间,"走出去"、国际化已经越来越成为中国出版业高品位、高质量发展的趋势和未来。对于我国大学出版社而言,在学术出版和教育出版的"走出去"方面必然要义不容辞地担当起产业重任。

从全球视野来看,中国在政治、经济、文化、科技、社会等方面一直坚守具有中国特色的和平发展之路;中国改革开放四十年在方针政策、经验原则、理论制度、技术创新等方面积累了丰富的治国理政经验,这些成果的学术化,必然会丰富人类文明的精神成果。"中国文化的现代阐释和中国发展道路的学术化出版,这是中国出版'走出去'的中心话题,也是中华民族在世界文化交流中最根本的话语权。"[①] 教育出版是全球版权贸易最活跃的领域之一,西方国家很多高校教材早已经走入了中国的大学课堂。随着我国高等教育事业以及信息技术的发展,中国本土研发的一些高校教材在教学内容、教学理念、教学方法和数字化资源建设方面同样具有世界先进性,具备了"走出去"的基本条件。中国的崛起同样带动了世界汉语学习热潮,汉语语言文化教育的输出在过去的十年中有口皆碑,取得了丰硕的成果。语言是文化交流的桥梁,这个桥梁在"十三五"期间和面向"十四五"的未来,应该成长得更加坚固和宽广。

中国出版"走出去"是出版产业国际化的过程。改革开放以来中国出版业对外交流与国际合作40年的发展历程表明,"出版对外交流与国际合作使得中国出版业在出版业务能力、版权贸易、出版品牌等方面得到了巨大提升。""对外合作出版的方式使得中国出版界学习了

[①] 谭跃:《关于出版国际化的主要思考》,《中国出版》2014年第17期。

国外出版机构的出版业务流程，并促进了自身出版业务能力的提升；以版权贸易为主体的交流方式，锻炼了国内出版社的市场竞争能力，使得中国出版业在国际市场中得到进一步的发展壮大。"[1]中国目前有大学出版社 120 多家，几乎占到全国出版社总量的五分之一。从产品质量、渠道建设、综合管理、市场规模、品牌影响力等多方面考量，这些大学出版社发展还很不均衡。只有通过大胆参与国际出版竞争，向培生国际教育出版集团、麦格劳—希尔教育出版公司、牛津社和剑桥社这样的国际一流出版机构学习，才能"风物长宜放眼量"，让中国大学出版社立足国际化高等教育的出版平台，在社会效益和经济效益的双轮驱动下大踏步向前发展。

基于此，我国大学出版社更要强化国际化出版理念，建立起走向国际舞台的出版自信，同时遵照出版国际化的战略与实操规律，把我国大学出版的国际化水平向前推进一大步，为中国出版"走出去"的高品位、高质量发展做出贡献。

二 牛津大学出版社、剑桥大学出版社和北京语言大学出版社"走出去"立体化格局建设

出版"走出去"有着自身的特殊规律。在现代社会，出版物作为文化产品首先是商品，它主要是跟着产品、投资、企业、资本和国家外交走向世界舞台。正因为如此，国际、国内一些大学出版社但凡在国际化方面取得优秀业绩，必然在经营层面有一整套可依托的行之有效的国际化发展战略。通过对牛津社和剑桥社两家国外大学出版社及北语社这样的国内大学出版社的国际化战略布局进行研

---

[1] 周蔚华、杨石华：《中国出版对外交流与国际合作 40 年》，《中国出版》2018 年第 20 期。

究，可以发现其中的共同规律，探索大学出版国际化的战略制定及实施的共同要素。

1. 牛津社和剑桥社"走出去"立体化格局建设

（1）国际化是牛津社和剑桥社长期发展的统领性战略之一

牛津社（Oxford University Press）创建于1478年，它的网站首页上写着："牛津大学出版社是牛津大学的一个重要部门，它通过出版的全球化来促进大学在研究、学术和教育领域实现其卓越的目标。"剑桥社（Cambridge University Press）成立于1534年，它的网站标题下也写着："推动学习、知识和研究的全球化传播。"剑桥大学出版社执行总裁史蒂夫·伯恩（Stephen Bourne）先生在《中国编辑》杂志记者龙杰的采访中说："我们现在面临的是文化的变迁，一个是从传统出版到数字出版，一个是在国际市场领域不断提升和扩大的国际化运作……我们要明白在我们出版社的商业运作当中，国际化或者全球化是必须的……"[1] 由此可见，这两家大学社具有大约500年的历史，它们长期立足于出版国际化，在知识传播上肩负着造福全世界人民的历史使命。

（2）具有大学特色的、丰富而高质量的产品资源是实现全球化的基础

牛津大学创建牛津社的目标直指研究、学术和教育的一流水准。牛津社目前主要出版内容涵盖人文社科、科学技术、商业贸易、英语学习等类别的图书，出版形式有学术图书、教材、工具书、读物等具有鲜明大学出版特征的纸质图书产品及数字化出版物。500多年来，牛津社通过高质量的研究与出版活动，已发展成每年在50多个国家出版5000种左右新书的世界最大的大学出版社。剑桥社每年有2000多种印

---

[1] 龙杰：《高瞻远瞩，勇于创新，诚实守信，迎接挑战——访剑桥社执行总裁Stephen Bourne》，《中国编辑》2012年第1期。

刷版和电子版出版物面世，出版领域涉及自然科学、人文社会科学及医学各个学科，是世界上最大的教育和学术出版社之一。目前剑桥社每年出版2600多种图书和230多种期刊，具有丰富的产品资源。剑桥大学众多一流的学术著作和教材产品，形成了出版社的产品支柱。

（3）来自各个国家的优秀作者和职业化编辑团队为实现全球化提供了保障

牛津社在全球拥有众多分支机构。这些分布在各个国家和地区的分支机构，会结合当地读者需求和政治、文化、经济特点，在严格遵守牛津大学出版宗旨和出版特点的基础上，出版由当地作者或者多国作者联合创作的学术著作、学术期刊、英语教育类图书和其他相关产品。因此，牛津社的作者遍布世界各国，在各个分支机构培养了大批职业化编辑，出版了满足不同国家和文化种群读者需求的优秀出版物。剑桥社自1949年起，在纽约、墨尔本、开普敦和新加坡等地建立了出版中心，成为一家国际性的出版机构。目前剑桥社每年出版的图书和期刊行销世界200多个国家和地区，拥有来自110多个国家的约25000位作者，在很多分支机构拥有专业化编辑，成为世界诺贝尔奖得主极为青睐的出版社，每年推出大量出版物。

（4）遍布世界的销售渠道及灵活多样的推广模式为实现全球化搭建了桥梁

牛津社在海外拥有众多的分支机构，根据与本部关系的紧密程度分为分社、专有有限公司、办事处等若干类型。其设立分社或办事处的城市有：多伦多、加尔各答、马德拉斯、开普敦、香港和东京等。许多分社负责发行英美两家公司的图书，并且主要出版适合其所在地区的图书。剑桥社则通过以主要分支机构为核心，辐射周边国家和地区的方式占领全球市场。例如，剑桥社在纽约成立北美分社，主要负责美国等中北美国家的业务；在开普敦成立南非分公司，主要负责非洲撒哈拉地区44个国家的业务；在新加坡成立亚洲分社，主要负责印尼、马来西亚、越南、韩国和中国等国家的业务……各个分支机构的设立，是出版社产品全球推广的重要渠道。[①] 两家大学出版社依托遍布全球的分支机构，通过版权贸易、合作出版、实物销售、线上线下教学指导与培训等，为目标学校和教师群体提供全面教学解决方案。

（5）用数字出版进一步带动学术出版、教育出版的国际化

面对近年来的数字化革命，牛津社积极拓展数字出版业务，尝试数字出版盈利模式。目前，牛津社已经成功推出学术与专业、教育、英语语言教学、词典、参考工具书五大类别的数字化出版物，品种和资源非常丰富。剑桥社目前把数字资源放到整个出版战略的首位，拥有丰富的数字产品，建立起了一套日趋成熟的数字出版系统。它与微软、谷歌、日立等公司合作发展学术图书的电子书出版业务，将学术期刊全部数字化并在全球销售。牛津社与剑桥社已成功勾勒出它们数字出版的世界版图。两家出版社的数字出版平台面向世界所有地区的用户开放注册，全部学术与专业数据库产品都在全球范围内销售。[②] 牛津、剑桥两家大学出版社紧紧跟随技术发展的步伐，在数字出版领域同样取得了骄人业绩，进一步推动两家出版社实现了全球化战略。它们在数字出版方面的尝试和成就，也为全世界的大学出版社树立了典范。

2. 北语社"走出去"立体化格局建设

北语社隶属于北京语言大学，以出版国际汉语教学产品为主要特色。它立足自身学术和专业特点，充分汲取国际先进大学出版社的全球化出版经验，在正确把握国际市场发展规律的基础上，找到了一条适合自身发展的国际化道路，形成了立体化产品资源建设和渠道资源建设的具有特色的全球化拓展战略，以优秀的版权贸易、实物出口业

[①] 徐翔：《世界知名大学出版社的国际化发展之道——以剑桥社、牛津社为例》，《出版广角》2015年第8期。

[②] 王跃：《牛津社和剑桥社的数字出版研究》，硕士学位论文，南京大学，2014年。

绩，成为中国出版"走出去"的先锋队和排头兵。

（1）北语社汉语国际推广的立体化产品资源建设格局

北语社最主要的出版方向是国际汉语教学产品的出版，读者群是遍布全球的汉语学习者。立足于自身的出版特点和出版优势，北语社在产品方面逐步形成了立体化的资源建设格局。国际汉语教学资源最丰富，居于全球之首。北语社创建于1985年，建社34年来专注于出版汉语教育类产品，累计出版汉语学习类产品3000余种，是全球汉语学习与教学产品规模最大、品种最全的出版机构。国际汉语教学产品具备品类全面、教学功能齐备的产品线顶层设计。北语社出版的国际汉语教学产品包括汉语教材、教学辅导类用书、教师培训教材和学术图书、工具书、汉语水平考试类用书、文化类产品、数字化产品等七大产品线，涵盖国际汉语教学所有的产品形式，使用范围广，能够满足各类型读者的需求。北语社的国际汉语教学产品形成了适合幼儿、小学、初中、高中、大学、成人自学等不同年龄段的产品群；形成了满足不同国家和地区、不同语系学习特点的产品群；形成了满足不同学习时间和学习程度读者需求的产品群。北语社的国际汉语教学产品适应数字时代特点，打造了全媒体、立体化、多介质的产品体系纸质图书、多媒体（MP3/CD、DVD、DVD/CD-ROM等）、移动终端出版物：Kindle（已与亚马逊签战略合作协议）、MAC、网络课程、MPR出版物等，紧跟科技发展步伐，让数字化产品能够有效融入英美等先进国家的语言教学体系。

北语社拥有以北京语言大学500多名国际汉语教师为主体并汇聚了海内外大批优秀人才的作者队伍；拥有一支高素质、高水平的长年致力于国际汉语教学产品出版的专业化编辑队伍。其国际汉语教材编写由优秀的作者团队和专业化编辑团队联袂完成，体现国际最新汉语教学理念。

北语社还是国家"数字出版转型示范单位"，通过提供数字化教学服务资源为用户提供全面教学解决方案。通过"全球汉语国际推广与中国文化传播资源平台""国际汉语教学数字资源服务平台""汉语学习网络课程平台""面向国际汉语教师的在线师资培训平台"和"面向外国人的汉语互动阅读平台"等，为全球教授汉语的学校和师生提供多语种全产品教材配套资源及数字化教学资源服务。

（2）北语社汉语国际推广的立体化渠道资源建设格局

经过多年的探索和实践，北语社逐步建立起全球性、立体化、专业化的营销推广渠道。通过建立全球化代理经销网点实现了营销推广的国际化，全球累计拥有超过 376 个代理经销商，产品销往 120 多个国家和地区，近十年累计实物出口总额达 2.92 亿元码洋。北语社还通过网络平台实现产品销售，从 2013 年开始在美国亚马逊一级页面实现线上销售，在北美分社及总社网站实现全球 Visa 和 Master Card 支付和全球物流配送，近五年累计实现全球线上销售额 824.4 万元码洋。此外，北语社通过版权输出实现目标国家本土渠道产品销售，近十年累计有效版权输出总量达到 1407 项。利用国家汉办及各种国际汉语教学年会等，北语社对全球汉语教师进行产品推广和教材使用培训，自 2005 年以来，已累计培训来自美国、法国、日本等国家的学员 10000 余人。通过在美国芝加哥建立分社、在重点国家和地区开展产品营销推广，实现教学培训、展示窗口、研发产品、合作平台、实习基地等多种功能，有效实现了大学出版资本"走出去"。

总之，北语社在实践中稳步实施国际化战略，通过版权输出、实物出口、网络销售、教师培训和建立海外分社五大举措，建立起了全球化、立体化、专业化的营销渠道，为图书产品"走出去"打下了坚实基础。

三　牛津大学出版社、剑桥大学出版社和北京语言大学出版社"走出去"立体化格局建设的共同要素

在经济全球化的背景之下，国际化发展已成为大学出版社的战略

措施，牛津社和剑桥社两家大学出版社的全球化战略及拓展模式，为我国大学出版社的"走出去"工作提供了样板。北语社从历史、规模、品牌及影响力等多个角度看，还不能够同牛津社、剑桥社这样的大学出版社同日而语，但是这三家出版社的国际拓展经验，能够帮助中国大学出版社同行从国外和国内两个维度进行参照，进一步把握大学出版社的国际化出版规律和方法。

第一，三家大学出版社在经营理念上，都把出版市场定位在全球市场，并长期坚守这个理念，使之成为产品经营、渠道建设、企业管理和人力资源建设的基本出发点。第二，三家大学出版社都长期稳定出版经营某类或者多学科教育类产品，具有丰富的产品资源，其产品线顶层设计科学合理，主线清晰，产品多而不乱，保持了"牛津""剑桥"及"北语社汉语教材"的权威和一流水准，满足了各类读者群的需求，形成了具有全球影响力的品牌，这是它们实现全球化战略的根本保证。第三，优秀的作者和编辑团队是内容质量的根本保障。三家大学出版社的作者团队都是作品专业领域内最具影响力和权威性的翘楚，而其长期培养的编辑团队，则能够从选题质量和书稿质量方面为产品把关和提升质量。第四，三家大学出版社都通过国外分支机构、版权贸易、合作出版、实物销售、线上线下教学指导与培训等专业化营销推广模式为师生提供全面教学解决方案，从而建立起立体化销售渠道及丰富灵活的营销推广模式。第五，三家出版社都紧紧跟随技术发展的步伐，抓住出版数字化发展机遇，以数字出版为依托扩大市场容积，加快全球化步伐，实现了大学出版的融合发展。

上述五个方面归纳出三家大学出版社成功实施"走出去"发展战略的共同要素。纵观牛津社和剑桥社两家大学出版社的国际化发展战略及其针对产品和渠道建设的一系列经营措施，我们不难发现，它们之所以成为享有世界影响力的一流大学出版社绝非偶然，其中既有学术上的常年积累和沉淀，更有对于全球化、数字化等时代机遇的精准把控、科学合理的国际战略布局及专业严谨的出版精神。北语社目前还不能被称之为世界一流大学出版社,但是其汉语教材出版在全球出版市场名列前茅,为中华文化"走出去"做出了突出贡献,其产品资源和渠道资源的全球化、立体化格局建设,同样能够为国内各个大学出版社提供启迪。

随着经济全球化不断深入和全球知识网络日趋紧密,国际化已成为世界一流大学的一个重要特征。同样,出版的国际化也成为世界一流大学出版社的重要标志。站位高等教育出版的国际化高度,以国际著名教育出版机构为参照标准,挖掘自身资源优势和专业特色,强化产品和渠道两个方面的立体化资源建设意识,不仅产品要"走出去",资本也要"走出去",在更深、更广的世界范围内扩大中国学术影响力和文化传播力,在稳步"走出去"的征程中逐渐建立起中国高等教育出版的话语权,是我们共同努力的目标。中国大学出版"走出去"任重而道远!

第七章　立体化出版营销体系构建与"走出去"

　　自国家实施出版"走出去"战略以来，在政府的大力推动下，许多出版企业通过不断地摸索、创新，积累了经验，明确了思路，取得了很好的成绩。作为中国图书"走出去"的组成部分，国际汉语教材在中华文化传播中起着重要的载体作用。随着我国综合实力的增强、国际影响力的提升，越来越多的外国人学习汉语、了解中国，世界主要国家汉语学习人数每年大幅度增加，形成了强劲的"汉语热"。根据国家汉办统计数据，全球学习汉语的人数超过1亿人，100多个国家超过3000余所高校开设汉语课程；开设汉语课的中小学数量增长快速，美国有4000多所，英国有5200多所，澳大利亚有1500多所，泰国有1000多所。学习汉语的人数在快速增长，但汉语教材和汉语教师的现状却成为汉语教学发展的瓶颈。国际汉语教学资源的发展现状是：汉语教材种类很多，但真正的本土化汉语教材不多；汉语教材以纸质教材为主，缺少汉语教学数字化资源；汉语教材销售以传统渠道为主，传播渠道受限，时间滞后。海外汉语教师的现状是：缺乏专业的汉语教师和相关教学资源，教学质量较低。海外汉语学习者的现状是：年龄层次多样、地域分散、水平不等。这样的现状不能很好地满足当前外国人迫切学习汉语的需求，不适应外国人地域分散的汉语传播特点，极大地制约了国际汉语教学的发展，是当前亟须破解的难题。

自 2004 年以来，北语社抓住"汉语热"的机遇，坚定走特色化、专业化发展之路，本着"着眼长远，立体发展，强化品牌"的理念，致力于本土化、立体化汉语教材的出版，积极探索新形势下汉语教材国际推广的途径和方法，将研发出版的汉语教材推向世界，进一步扩大"走出去"的市场范围，开辟了中国图书"走出去"的特色领域。北语社作为中国唯一一家国际汉语教学与研究专业出版社，已出版各类汉语教材与教学辅助出版物 3000 余种，行销世界各地，成为中国对外汉语教材出版的领军者。

一 根据自身特点，构建立体化发展思路

随着对海外汉语教学和学习市场的深入了解，作为国际汉语教材专业出版社，北语社清醒地认识到，汉语教材国际推广还面临着很多挑战，存在很多问题。一方面，单纯的纸质教材已不能满足汉语教学和学习的需要，集纸质、音频、视频、电子等多种媒体融于一身的立体化汉语教材已成为必然发展趋势。另一方面，尚未建立起具有一定规模的稳定的国际主流社会营销渠道。因此，要想真正站稳和扩大国际汉语教材市场，必须在发展思路、产品内容、营销模式和出版方式等方面有所创新。

针对海外汉语教学空间距离大、学生需求多样、读者与客户分散等特点，北语社重新定义汉语教材的内涵，从为汉语教学提供单一的教材出版形式向提供全方位的解决方案转变，围绕主教材配套出版辅助教学资源，并发挥多媒体电子出版和数字出版的综合优势，积极为教材配套组织多媒体和网络教学资源。北语社逐步完善了立体化发展

思路，即以纸质图书出版、电子音像产品出版、数字出版为核心，以传统语言培训和网络教育并行的培训模式为手段，构建国内营销、海外营销、网络营销相结合的立体化营销渠道，实现传统出版、汉语培训、数字出版、网络教育一体化发展。为推动立体化发展战略的实现，北语社在原有的出版社、电子音像出版社、对外汉语教材研发中心、语言培训中心组织架构基础上，又组建了数字出版中心，按照这样的立体化发展构架，北语社的发展方向更加清晰、明确，各条线迅速推进，成效显著。

二 加大研发力度，实现"走出去"产品立体化发展

立体化产品是实现"走出去"立体化的前提。虽然纸质汉语教材种类繁多，但高质量、高水平的立体化汉语教材却仍旧匮乏，这在一定程度上影响了汉语教学的发展。针对这种情况，北语社以研发符合海外市场需求的产品为前提，进行全面统筹规划，逐步将纸质教材、电子音像产品和数字教材出版同步进行，即在推出传统纸质教材的同时，立体化开发多种媒体融合出版物和配套的辅助教学资源。按照这样的教材研发路线，北语社不断加大人力和财力的投入，启动了一批高质量、高水平的立体化图书出版项目，着力培育出一批具有国际竞争力的产品，打造一批具有国际知名度的品牌。

1. 进行品牌教材的深度开发

北语社的一批汉语教材已成为世界品牌，为世界许多国家汉语教学所采用。但在使用过程中，由于使用者母语类型的差异，对教材的难度和难点需求等也各自不同，所以仍难尽人意。为满足世界汉语教学的需求，北语社实施"汉语教材品牌强化工程"，针对不同学习者的特点，陆续对北语社已有的世界品牌汉语教材系列进行深度开发，打

造真正意义上的立体化、本土化教材。

2. 开发系列介绍中国文化和汉语学习的电子音像产品，填补国际市场空白

2006年以前，北语社出版的电子音像产品，几乎都是与教材配套的磁带，独立策划的电子音像产品微乎其微，电子音像既是北语社的薄弱环节，又成为北语社发展的掣肘。针对这种状况，北语社经过两年多的探索和实践，实现了突破性发展。围绕传播中国文化和立体化汉语教学，北语社成功组织了多个大型电子音像产品研发项目，包括DVD和CD-ROM，如《汉语课堂教学示范》《汉语会话301句》《快乐中国——学汉语》《汉字的智慧》《中国文化百题》《中国的世界遗产》《中国的非物质文化遗产》《中国人的故事》《走进中国人的生活》《北京风情》《汉语乐园》《中国那个地方》等，其中有10个项目被列入国家百种"外向型"重点电子音像出版项目。此外，北语社还开发了《中文助教》《汉字描画输入和识别系统》《汉语文本检索系统》等汉语教学软件。这些电子音像产品因定位准确、针对性强、品质高，满足了国内外汉语学习者和汉语教师的需求，得到广泛赞誉。2009年，北语社独立电子音像产品销售码洋2869万元，销售收入1660万元，销售业绩在全国名列前茅，一跃成为全国电子音像出版大社。电子音像产品突飞猛进的发展，使北语社的生产规模迅速扩大，形成了新的经济增长点，促进了立体化发展战略的实现。

三 推进版权输出和版权管理立体化

自2004年以来，汉语教材版权输出数量持续增长，在中国图书版权输出中占了较大的比例。在连续三年版权输出全国排名第一之后，2007年北语社根据世界汉语教材市场的变化，按照"区别对待、利益

为上、立体发展、扩大领域"的原则,对版权输出战略进行调整,将版权输出的重点转移到扩大市场领域及数字版权、信息网络传播权与电视播放权输出上,力求实现版权输出的立体化,增强北语社的国际影响力,扩大国际市场领域,使汉语和中国文化在世界的受众面更广,影响力更大。随着版权输出战略的调整,2008年当年北语社就输出数字版权35种,其中主要是辞书的数字版权,《汉英双解词典》《部首三字经》《汉语8000词词典》的数字版权分别售给德国和俄罗斯。此外,北语社推出的系列大型电子音像产品也受到广泛青睐,美国波士顿电视台、韩国网络电视台、越南电视台、日本S.S.IT株式会社等与北语社达成购买《中国文化百题》《汉语乐园》《汉语会话301句》《中国的世界遗产》《中国人的故事》等DVD产品的电视播放权协议。

虽然北语社在版权输出方面创造了突出业绩,成为北语社的一大亮点,但对于以输出汉语教材为主的北语社来说,在取得突出的社会效益的同时,还要取得良好的经济效益,输出的版权必须获得最大限度的版税回收。北语社在开展版权输出的同时,加强对版权贸易信息管理系统的建设,开发了国内首个版权贸易管理系统。通过该系统,能够科学地统计版权输出国家、输出版权图书、购买版权出版社及每年度的版权贸易情况;能够对输出版权的首印出版、版次、缴纳版税、样书提供等情况进行监督;能够方便作者和相关部门查询。该系统的运用实现了对客户信息和版税信息及时、准确的掌握,对版权输出样书的规范化管理,从而强化了版权贸易管理,使版权贸易更加规范、透明、流畅,保证了输出版权图书版税的回收。通过管理、淘汰不良客户,建立稳定、守信的客户群,保证输出版权图书版税的回收,2004年至2011年,北语社每年输出版权版税收入均在200万元以上。版权管理具体来说,对外要及时跟踪掌握输出版权图书的发行情况,与国外合作方建立"随印随报、样书登记、定期付税"制度;对内则要建立版权输出公开查询制度,作者可以在北语社网站上查询版权输出图书的发行情况和版税收入情况，做到版权输出的各个环节透明化。这样既保证了输出版权的效益，又让作者放心满意。

四 积极开展数字出版，扩大"走出去"市场领域

随着互联网的迅猛发展，传统出版和数字出版的融合发展已成为出版业发展的主流。出版企业要实现出版产品的国际化，更要注重对数字技术的应用。数字出版能够使得"走出去"距离缩短、时间缩短、信息传递更加及时、交易更加便宜等特点，对"走出去"有着积极有效的推动作用。基于产品使用对象主要是外国人的特点和已在世界形成的品牌影响力及拥有的资源优势，北语社将数字出版纳入企业总体发展战略和立体化"走出去"发展战略，于2008年6月率先启动了数字出版工程，有计划、有步骤地实施数字出版。制定数字出版规划，围绕企业核心竞争力，从资源整合、流程管理、信息管理和内容集成几个方面着手，探索数字出版的盈利模式，积极研究不同国家和地区数字阅读的特点和主流的数字传播渠道，对市场进行细分，制定相应的数字传播策略。第一，根据数字出版特点，创新生产管理流程及市场营销模式，组建由技术服务人员、数字出版编辑和网络营销人员组成的数字出版队伍，建立数字出版的管理运行机制和控制机制。第二，整合数字出版资源，以图文、音频、视频等形式，对出版内容进行全方位、深层次开发，深入挖掘数字出版出口的潜力。逐步将北语社的3000余种汉语教学资源重新策划，有选择、分批次地进行编辑和数字化加工生产，构建新的数字出版产品线。第三，加强数字出版产品资源平台建设，打造世界最大的国际汉语教学数字资源平台，借助数字版权保护管理和电子商务管理等先进技术，支持用户付费下载。第四，规划及建设北语社网站，进一步完善网上电子商务系统，加大电子商务客户服务和产品营销力度。网站的影响力和知名度是实施网络出版、

网络销售的关键。北语社采取各种有效措施进行北语社网站的国际推广：利用北语社出版的国际汉语教材作为推广平台，每一本教材都附带北语社网站介绍；利用与外国政府教育部门、各国中文教师学会和经销商的网站链接，扩大北语社网站的影响力；利用每一次参加国际会议和国际书展的机会，宣传北语社网站。通过这些措施获得网站的高点击量和高使用量，进而推动数字出版和网络销售。

北语社立足于自身产品特点和资源优势，稳步进入数字出版与营销领域，融合数字技术，推动数字化转型升级和数字出版产品"走出去"，实现传统出版与数字出版的融合发展，构建了新的产品线和利润增长点，并在产品研发、生产管理、客户服务水平等方面不断创新和提高。至2009年，北语社已经形成了纸质图书、电子书、音像制品、多媒体、网络和移动出版的立体化的产品格局，快速完成由传统出版向数字出版的转型，形成数字出版与传统出版在服务对象上相互支持、相互融合，互为促进推动图书产品"走出去"的格局。这既使北语社的版权输出有了新的增长点，又提升了其自身的国际竞争力。

五　建设汉语教学数字资源平台

北语社作为国家文化"走出去"重点企业，凭借对外汉语教学与研究专业优势，一直致力于面向外国人的汉语教学资源的研发与推广，打造了一批具有世界影响力的汉语教学产品，积累了丰富的多类型、多形式的对外汉语教学资源。2006年，鉴于海外市场分散、汉语教学资源产品难以送达终端用户的现状，以及落实中华文化"走出去"的战略需要，北语社创新汉语数字资源建设发展思路：强调以市场为导向、以技术革新为契机、以队伍建设为根本、以科学管理为保证，积极探索"产、学、研、用"相结合的经营管理模式，将高新技术贯穿于内容生产、过程管理、渠道传输等产业链的各个环节，进一步解放和发展出版生产力,切实提高数字出版发展的质量和水平,扩大发展规模和提高效益。同年实施并完成北语社官方网站(后期已升级改造为网上书店)的全产品上线,2008年启动"数字出版工程",2011年实现了"汉语教学与文化资源中心"上线试运行。在此基础上,2012年北语社实施了全球最大的对外汉语教学数字资源平台建设项目,以科技创新为手段,以数字资源网络平台为载体,以电子商务为支撑,以服务对外汉语教学为目标,汇聚海量多样化的对外汉语教学数字资源,搭建基于云计算架构的对外汉语教学数字资源平台,同时提供资源下载和共享、在线汉语学习和测试、在线版权管理、在线购书等资源服务,形成了总量约30TB的结构化资源数据,包括数千种图书、数字刊物、电子产品、音像产品、文化课件、文化资源、语言教学资源等元数据,可以提供汉语教学资源、汉语课堂、专题资源、个性化资源服务等四大类资源服务。数字资源既有汉语学习内容,也有中国文化内容;既有适合儿童、中小学的内容,也有适合成人的内容;既有在线学习内容,也有在线的汉语游戏等等,最重要的是,这些内容能充分满足外国人学汉语和海外汉语教师的需求。

通过开展对外汉语教学资源平台建设,北语社加快向以数字化内容、数字化生产和数字化传输为主要特征的战略性新型出版产业转变,进一步优化了产业结构、产品结构,打造了一套基于数字出版与传播技术的对外汉语教学资源传播的解决方案,整体提升了"走出去"的科技含量和国际竞争力,对汉语国际推广和中华文化国际传播有着重要的价值。

六 创建面向外国人的汉语互动阅读云平台

随着全球对于汉语学习资源的需求不断加大,市场上尚缺乏拥有丰厚资源、专业水平强的汉语学习资源在线服务平台。北语社多年来围绕汉语教学资源，摸索出了一条特色出版"走出去"道路，积累了相当丰富的汉语阅读内容资源，为推动汉语全球推广，可持续开发中华文化普及产品奠定了基础。为了满足海外分散市场的分散用户获取优质资源、提高学习效率和效果的迫切需要，北语社创建了面向外国人的能够有效实现即时在线资源传输、在线阅读、个性化资源定制的汉语互动阅读云平台，探索出了"纸媒与网媒、线上与线下、机构与个人"相结合的运营模式，开创了传统出版与数字出版融合发展的新模式，为海外不同语言文化背景的团体、个人用户提供多元化、数字化、个性化的在线阅读云服务，助推中华文化"走出去"。

七 建设具有国际视野和数字出版经验的复合型出版人才队伍

在多年的数字出版发展和大项目业务运作中，北语社逐渐培养起了一支学历背景、实践经验和年龄结构都十分合理，既能处理内容又能运用技术、兼具内容判断力和技术理解力的人才队伍。北语社制定了完善、高效的管理制度，形成了跨部门、跨专业、跨行业合作的项目制工作模式和项目运行机制。在数字产品项目开发过程中，项目组成员参与项目的全过程，提高了他们的策划能力、组织协调能力、对外交往能力、数字产品编加能力和营销推广能力，培养了一支视野开阔的复合型人才队伍。此外，经过对国内外诸多技术服务商的考察与合作，北语社以市场化方式与国内外著名的技术研发团队形成了稳定默契的合作关系，为数字出版的组织实施提供了高效、稳定、可靠的组织保障。

八 创建有效的立体化国际营销渠道

营销渠道建设是中国图书"走出去"的重要环节。通过建设立体化的营销渠道，使图书进入更多国家的主流社会，才能实现真正意义上的"走出去"。凭借精品汉语教材和中华文化出版物，北语社开展了实物出口、版权输出、合作出版、资本输出、跨境电子商务等多种形式的"走出去"渠道拓展，立体化营销渠道网络覆盖全球。目前，北语社拥有海外代理经销商376家，海外直销客户1239个。2011年，北语社在美国芝加哥创建北语社北美分社，实施本土化运营，打造北语社汉语教材国际推广的桥头堡。除传统营销渠道外，2007年，北语社还建立了覆盖全球的跨境电子商务平台，着力于以下三个方面：一是产品类型以中国文化出版物为核心，全力为中华文化国际传播服务；二是营销推广与服务保障都紧跟中国出版"走出去"的战略需求，支持多语种在线服务，支持跨国家（或地区）、币种、汇率、缴税的在线支付与结算，大力拓展国际销售渠道与覆盖面；三是依托资源平台汇聚、整合的各类资源，分类分层次在平台上全面投放，将数字资源与在线教学服务与图书产品打包组合销售，形成立体化的产品模式。北语社跨境电子商务平台产品远销162个国家和地区，其中大部分是传统地面渠道难以触及的地区，填补了海外销售市场的空白，扩大了国际市场领域。

随着立体化发展战略的快速推进，北语社汉语教材出版与营销立体化发展格局已经形成，出版产品"走出去"的方式与途径不断创新，数字出版版权输出和数字化产品海外销售量持续增长，这既为北语社做大做强奠定了坚实的基础，也必将扩大图书产品的国际市场领域，加快图书产品的"走出去"速度。

第八章 出版"走出去"国际物流体系建设

改革开放 40 年来，中国出版对外交流与国际合作取得了非凡成就，中国出版业的国际化进程获得快速发展。在第 25 届北京国际图书博览会上，中共中央政治局委员、中宣部部长黄坤明强调指出，要深化国际交流合作，努力实现出版业高质量发展，加快推动我国从出版大国向出版强国迈进。当前，中国出版对外交流与国际合作正在进入新的发展阶段，让中国出版从"走出去"实现"走进去"，从量的增长向质的提升转变，一是要从内容角度推出更多具有国际化传播效果的优质精品图书，进一步贴近国外读者；二是要加强渠道建设，优化传播方式和手段，使更多的中国图书进入国外主流社会；三是要注重整体经营，激发出版企业活力，提升出版企业的国际竞争力，逐步改变"走出去"所依托的以政府支持为主体的供给结构，在国际出版领域探索和尝试依靠市场形成持续化发展的新的商业模式。国际物流体系建设是中国出版"走出去"的一个重要环节，是提高"走出去"质量和效益的一个重要方面。本章从流程管理的局部问题着手，把脉中国出版在"走出去"过程中所面临的物流成本过高、物流时效过低等问题，以供应链理论为指导,提出优化出版"走出去"国际物流体系的对策。

一 供应链理论指导下的现代国际物流发展概况及趋势

供应链是指一个企业与其供应商、供应商的供应商,以及与其销售商、销售商的销售商,也就是以目标企业为核心囊括其上游、下游各种合作伙伴直到最终用户而形成的网链结构。供应链物流是为了顺利实现与经济活动有关的物流,协调运作生产、供应活动、销售活动和物流活动,进行综合性管理的战略机能。供应链物流是以物流活动为核心,协调供应领域的生产和进货计划、销售领域的客户服务和订货处理业务,以及财务领域的库存控制等活动。包括了对涉及采购、外包、转化等过程的全部计划和管理活动和全部物流管理活动。更重要的是,它也包括了与渠道伙伴之间的协调和协作,涉及供应商、中间商、第三方服务供应商和客户。[1]

供应链理论一经产生,对全球物流行业的理论研究及实践工作即产生深远影响,更为建立起现代物流管理模式提供了理论支持。美国学者森尼尔·乔普瑞(Sunil Choprg)、彼得·梅因德尔(Peter Meindl)认为供应链的特点是在反应能力和盈利能力之间进行权衡,影响供应链反应能力和盈利能力的因素包括库存、运输、设施和信息。华中科技大学管理学院马士华教授等认为:供应链物流能力是物流主体以顾客价值最大化和物流成本最小化为目的,围绕核心企业,从采购原材料到制成中间产品以及最终产品,最后由销售网络把产品送到用户手中这一供应链物流活动中顺利完成相应服务的能力。供应链理论被广泛应用于现代物流业。现代物流的特点首先是全球化,随着全球经济

---

[1] 陈良华、李文:《供应链管理的演进与研究框架的解析》,《东南大学学报》(哲学社会科学版),2004年第1期。

全球物流模式逐步走向成熟，企业的物流方式也向全球化发展；其次是一体化，从企业的内部作业流程来看，从接受顾客订单开始，启动采购、生产、库存、配送等活动，是企业内部物流一体化的过程；再次是以用户需求为导向，随着物流需求的不确定增高，物流的柔性化要求增强，满足客户需求第一被放到了首位；最后是信息化与自动化，现代物流通过信息将各项物流功能活动有机地结合在一起，通过对信息的实时把握，控制物流系统按照预定的目标运行。出版国际物流是指出版物从一个国家或地区的供应地向另一个国家或地区的接受地的流动过程，其目标是选择最佳的方式和路径，以最低的费用和最小的风险，保质、保量、适时地将出版物从某国的供方运到另一国的需方。

二 出版"走出去"国际物流现状及存在的普遍问题

实物出口是中国出版"走出去"的重要形式。近些年来，随着中国出版"走出去"工作的不断推进，全国图书实物出口规模也在不断增长，但总体规模不大。这除了与我们出版的图书能否符合外国人需求和国际营销能力有关以外，我国出版国际物流分散、低效率等问题也在一定程度上制约了实物出口规模的增长。

1. 各类型出版企业"走出去"产品的国际物流路径

根据《2017年新闻出版产业分析报告》和《2018年新闻出版产业分析报告》，2017年全国累计出口图书、报纸、期刊、音像制品、电子出版物、数字出版物（不含游戏）数量2178.4万册（份、盒、张），金额10764.9万美元。其中，全国出版物进出口经营单位累计出口数量1872.7万册（份、盒、张），金额6188.0万美元。2018年，全国累计出口图书、期刊、报纸、音像制品、电子出版物、数字出版物（不含游戏）1701.4万册（份、盒、张），金额10092.6万美元，其中，全国出版物进出口经营单位累计出口1479.3万册（份、盒、张），金额5935.2万美元。与出版产业相关的进出口公司、各个出版集团及单体出版社的图书实物出口都涉及物流问题。国内最具有影响力的出版物进出口公司为中国国际图书贸易集团有限公司、中国图书进出口（集团）总公司和中国教育图书进出口有限公司，这三大公司长期从事出版物出口物流管理，主要包括：中国邮政（中邮小包、中邮大包、EMS）、商业快递（Fed EX、UPS、DHL、OCS等）、专线物流、通过货物代理的船运等通用的物流渠道。国内具有出版物出口业务的北京语言大学出版社、人民大学出版社、五洲传播出版社、江苏少儿出版社等，一方面会把一些出版物实物出口业务委托给几大图书进出口公司；另一方面，自己也开展了进出口业务。

出版物出口运输方式可选水、陆、空任意方式，也可以是其中两种或三种运输方式的组合，不同运输方式都有自己的优势和劣势。拿近十年图书实物出口额保持在年均3000万元人民币左右的北京语言大学出版社来说，除了委托给国内图书进出口公司的业务外，北语社自行发货的国际物流通常采取公路运输、水路运输和航空运输三种形式。一是能够公路运输的出版物尽量采取公路运输，比如发往蒙古国和东南亚国家的出版物通常以公路运输为主。公路运输适合于数量较少且距离较短的出版物运输，运输费用不是很高，物流配送速度比海运要快。二是发往欧美、日韩、俄罗斯和中东等国家的出版物主要走水路运输。水路运输的单位商品运输成本较低，是一种较为经济的运输方式，但是运输时间相对较长。三是对于少量客户急需、时效性要求高的出版物则采取航空运输的方式。航空运输的主要优点是运送时间短，但是不经济，运送量受限制，同时受天气影响较大。此外，像北京语言大学出版社、五洲传播出版社、安徽少年儿童出版社等一些经常参加各类国际书展的出版社，也会通过参加书展把图书带到目标国家，或者通过使领馆、国家汉办和国务院侨办等政府机构向海外赠送图书。

2. 各类型出版企业"走出去"产品国际物流存在的普遍问题

尽管我国出版物出口数量和出口额呈现逐年递增的趋势,但是由于各个进出口公司和出版企业分散管理、各自为战以及个别国家的进出口政策变化不定等多种原因,我国出版物在国际物流方面还存在很多共性问题,体现在以下几点。

其一,国际物流分散管理,跨境物流成本比较高。三大图书进出口公司在国际物流方面虽然都构建起了自己的体系,也有专门的国际物流管理部门和专业化人才队伍,但是由于我国出版物出口规模有限,所以在和上下游企业合作过程中,缺乏整体议价能力。像我们对欧洲区的物流主要以 DHL、Fed EX(包含 TNT)国际快递为主,货运周期短,服务好,清关快,专人配送上门。然而由于空运费用很高,这些物流成本一般要加在图书产品上,自然就抬升了图书产品的价格。随着中国图书价格的升高,中国图书在很多国家的价格优势已经不复存在,甚至在一些发展中国家已经成为高价图书了。

其二,国家间物流合作程度低,跨境物流时效性不强。一般运往蒙古国的出版物公路运输时间是一周左右。运往韩国的出版物海运也至少要两周时间。运往欧美等地的物流线路较为畅通,一般耗时一个月左右,而往俄罗斯、巴西、中东、非洲等国家或地区的出版物走海运则需要一个月之久,甚至更长时间。据顺丰快件服务参考时效表显示,发往东欧方向的国际小包,俄罗斯耗时最久,平均 15-20 天,俄偏远地区城市甚至需要 15-30 天。可见,中外出版物物流合作还非常有限,不完善的出版物国际物流体系,致使跨境物流投递的时效性较低。

其三,一些国家受当地入关、出关政策限制,发货、取货受到影响。这一点在俄罗斯表现最为明显,以常见的国际邮政方式为例,中国到俄边境平均只需 3 天,但清关前后却需要 10 天。无论欧洲还是日本,中国邮政都可以发货,然而中国邮政海运长期以来却经常出现丢件、扣关、清关困难等问题，无法解决。一些国家海关对于申报不合格商品一律采取滞留方式，这样就会致使客户无法按时收货、丢包率高。

其四，由于我国出版企业的国际物流方式多元化、小型化，因此无法大规模实现国际物流的全球一体化、自动化、客户导向化、信息化和自动化等现代管理模式。国内电商物流可以实现包裹的全程追踪查询，但跨境物流，尤其是境外配送段，一旦出境就很难实现追踪等问题。[1]

三 出版"走出去"国际物流体系优化策略

中国出版"走出去"进入高质量、高效率发展的新时期。高质量发展就要认真解决生产销售链条中存在的一切问题。要结合供应链理论，创新出版国际物流管理思维，认真解决各出版企业及图书进出口公司国际物流分散管理中存在的议价能力弱、运货时效得不到保证、在某些国家进出关有障碍、不能满足客户多元化需求、无法跟踪货单等一系列问题。笔者针对中国出版国际物流体系建设提出以下发展对策，以供参考和借鉴。

1. 成立由政府部门支持的中国出版国际物流联盟

我国在《新闻出版业"十二五"时期"走出去"发展规划》《关于加快我国新闻出版业"走出去"的若干意见》和《新闻出版广播影视"十三五"发展规划》等文件中对新闻出版业"走出去"进行了全方位布局，出台了一系列政策和措施，推出了多个重点项目和工程。其中政府搭台、企业唱戏的政企合作模式强有力地推动了新闻出版"走出

---

[1] 郑楠、黄卓：《中蒙俄跨境物流运输便利化的合作机制探析》，《对外经贸实务》2018 年第 11 期。

去"工作，在版权输出、实物出口及资本"走出去"等方面取得了显著成效。政府的主导和引领发挥了重要且关键的作用。我国出版国际物流与其他行业物流相比规模不大，分散管理更使出版国际物流成为物流行业中的细流。现在中国出版"走出去"进入了提质增效的关键阶段，扩大实物出口规模，我国出版国际物流体系建设亟待加强。需要运用政府统一领导下的多层级统筹整合思维，打破多层级模式，解决我国出版国际物流存在的问题。建议政府部门对出版国际物流体系建设给予高度重视和大力支持，组织国内三大进出口公司与相关出版企业成立出版国际物流联盟，将联盟各方的优势资源集合起来，加大投入，建立跨国家和地区的物流信息平台，积极利用云服务技术，促进多方资源的优化利用，发挥供应链物流协同效应，集中发货，统一提升竞价、议价能力。同时，避免恶性竞争，取长补短，有效解决各个层级的出版企业物流分散管理问题，互利共赢。此外，还要加强对跨境国际物流从业人员的培训，提高他们的信息处理、国际沟通、跨境营销等综合能力，培养高水平、复合型的国际物流管理专业人才，为出版国际物流建设提供人力保障。

2. 采取多样化的出版国际物流联运模式，激发多式联运组合效率

如果短期内政府部门尚不能组织成立国家层面的出版国际物流联盟，实施"走出去"战略的出版集团和单体出版社可以运用供应链理论指导下的各个企业组织联盟式大平台产品集合思维，根据本单位"走出去"实际情况，本着"合作共赢，共促发展"的理念，多家联合组建国际物流联盟，创建实用的国际物流体系和物流信息平台，联盟单位共享合作成果。跨境贸易包含生产者、平台、仓库、物流企业等多个环节，国际物流联盟可以利用标准化管理实现一体化合作。注重精细化管理，设计科学的物流配送方案，做好重点区域项目对接及境内外沟通，利用公路、铁路、海路、航空等多种配送方式与境外国际专线物流或快递结合的组合效应，实现各环节运输资源的高效对接，从而降低物流成本，提高配送效率和服务质量。目前我国出版"走出去"已经建立"一带一路"学术出版联盟、中国出版"走出去"联盟、丝路童书国际合作联盟、中国学术出版"走出去"联盟等。这些联盟统一招标，探索规范合理的国际物流联运方案，也会取得很好的效果。

3. 加快海外物流基地布局，创建海外中国图书仓储中心

中国出版"走出去"辐射全球，图书实物出口范围也十分广泛。为了解决图书实物出口的物流配送问题，创建海外图书仓储中心势在必行。创建海外图书仓储中心是中国出版海外战略布局的一个重要环节，其优势在于能够提高客户满意度和市场响应速度，提升产品流转的效率，为用户提供更好的服务。同时也可以合理规避繁杂的海关及商检环节，缩短物流周期，还可快速解决本地退换货问题。只有及时配送到位，才能解决中国图书"走进去"的问题。建议政府部门出台相关扶持政策，根据中国出版"走出去"的重点区域创建海外仓储中心，建设与国内出版单位共享的信息资源平台和本土化的物流渠道，为国内出版单位提供仓储与图书配送服务，降低物流管理成本和物流配送成本。考虑到目前中国图书"走出去"的规模和数量还不是太大，初期也可以与国内出版单位的海外分支机构合作创建海外仓储中心。借助已有资源，减少资金投入，发挥更大效益。出版企业可以将出版物批量出口到海外仓储中心，在拿到订单后，海外仓储中心可以利用当地的物流公司，直接将出版物配送到用户或读者手里。此外，在产业融合的趋势作用下，建成的仓储中心还可与国内诸多跨境电商出租共享，共同分担仓储费用，效益共享，共促发展。

4. 推动数字出版"走出去"，优化国际物流供应链

数字出版供应链是以数字网络为载体，以数字信息为内容构成的

一条从著作权人到内容生产商、内容运营商及技术提供商，最终到图书消费者的供应链网络。随着传统出版与数字出版的融合发展，数据库、平台阅读、电子书等在发达国家和一些发展中国家受到广泛欢迎。基于这种趋势及数字出版的特点，我们在研究出版国际物流的时候，要把出版方式与国际物流体系建设纳入整个供应链系统来考虑。

数字出版具有以下几个特点：产品的数字化；流通的网络化；交易的数字化；出版发行同步化；出版形式交互化。数字出版的这些鲜明特点，对于出版"走出去"供应链物流优化凸显出积极的作用：一是数字出版供应链不需要中间商环节，供应链简化、便利，交流无时间和地域的阻碍，使得图书"走出去"的距离缩短、时间缩短、信息传递更加及时、交易成本更加低廉；二是"走出去"的数字产品在线订购、在线配送等功能，能够有效解决传统出版的库存问题和海外运输配送问题；三是能够跨越国家跨越空间，实现作者、用户或读者、出版企业的直接交流沟通，提供及时、有效的服务。因此，推动传统出版向数字出版转型，尤其通过开发适合"走出去"的数字化产品，打造信息资源平台，建立客户大数据库，及时发布新书信息，形成客户订购、直接输送，将会大大提高出版物"走出去"的效率和效益。

数字出版供应链物流模式是出版业独具的，是对传统供应链物流模式的创新和发展，它所具有的特点和优势，能够优化出版"走出去"国际物流供应链，更好地适应消费者的需求和社会效率的提升，对出版"走出去"供应链物流体系建设有着积极的意义。当然数字版权保护在"走出去"的过程中也是要考虑的问题，出版企业可以根据不同国家和地区的版权保护情况，选择更适合"走出去"的出版方式。

5. 支持海外分支机构建设，开发本土化产品，缩短物流供应链

在国家支持出版业资本"走出去"政策的推动下，国内一些出版单位积极实施海外战略布局与本土化发展，在许多国家设立了独资公司（出版分社），或与国外出版企业联合成立了海外编辑部或出版中心等。这些海外分支机构着力于开发本土化产品、创建本土化营销渠道和建立有效的物流体系，其目的就是使中国的图书产品更好地进入国外主流社会。海外分支机构开发的本土化产品可直接借助当地的物流系统，根据用户或读者需求，直接进行物流配送，在欧美、日韩等发达国家和地区一般两天之内即可配送到位。这样一方面降低了物流成本，另一方面满足了用户或读者的需求，激励更多的用户或读者购买图书产品，从而扩大了图书的覆盖面，同时，也避免了国内图书因无法及时配送到位而对销售造成的影响。海外分支机构的设立，能够缩短中国图书产品"走出去"的物流供应链，提高物流配送效率，扩大图书产品的销售数量和覆盖范围，对中国出版从"走出去"到"走进去"将起到积极的推动作用。

中国出版"走出去"经历了十几年的艰苦跋涉与创造辉煌的历程，总体上看，在行为主体方面，经历了从单纯"国家主体"到"国家和企业共同主体"的转变；在经营模式方面，经历了从以"政府行政化推动"为主体到"政府支持和商业化运作共存"的转变。在这些转变中，中国出版业获得了令人瞩目的成绩并对中华文化国际传播做出了巨大贡献。随着中国出版在国际出版舞台由"走出去"到"走进去"的高质量发展，从企业经营角度加强对中国出版的国际化生产全流程的质量控制与经营实效控制是值得高度关注的议题。优化出版"走出去"国际物流体系，既关系到"走出去"的效益，又关系到"走出去"的质量，将对推动中国出版"走出去"提质增效起到积极的促进作用。

第九章 我国出版企业海外分支机构本土化经营之道

　　本土化战略是指公司的海外子公司在其所在国家从事生产和经营活动中,为适应当地的经济、文化、政治等环境,通过合理配置各种当地资源,从而快速进入市场,使自己发展成为地道的当地公司的过程。在国际化经营过程中,实现本土化经营是保持企业经营持续发展的一个重要方面,在经济全球化的今天,本土化经营更成为各跨国企业实现资源合理配置、提高市场竞争力的一个重要战略。例如,贝塔斯曼以收购、参股、控股等形式完成海外扩张之路。1969年收购古纳亚尔25%股份,1998年收购兰登书屋,占据美国大众出版市场重要份额,之后又实现了旗下兰登书屋与企鹅出版社的合并,并以53%的股权控股,继续扩大全球大众出版领域的领先优势。它的海外业务已经遍布全球50多个国家和地区,海外收入占到总收入的60%以上。阿歇特集团也在全球积极开展战略并购和合资联营,业务范围扩大到29个国家和地区,海外收入占到了总收入的67%。

　　世界各国之间在文化、语言、宗教、习俗等方面千差万别,每个地区的图书市场和读者群体都有自身特点,中国出版企业要想在世界出版版图占有一席之地，必须具备强大的跨国经营能力，必须拥有一批善于本土化运营的专业机构和专业人才。随着中国出版业实力的不断壮大和中国出版"走出去"的深入，我国一些出版企业逐步从版权输出、实物出口向资本输出迈进，以在国外直接独资、合资或并购等形式成立出版公司或国际编辑部等海外分支机构，以本土化生存和发展为目标，积极参与国际资本运营和国际市场竞争。据不完全统计，到2018年年底我国出版企业已在70多个国家和地区投资或设立分支机构459多家。目前，这些出版企业海外分支机构还基本处于成长阶段，如何实现海外本土化？如何通过本土化经营在海外寻求发展与扩大竞争优势？这正是出版企业及海外分支机构所面临的问题。笔者结合自身研究与实践，就我国出版企业实施本土化战略的动因、实施过程中的阶段性特点和本土化经营策略进行探讨，以为我国出版企业开拓海外市场提供借鉴和启示。

一 本土化经营是我国出版企业海外分支机构的必由之路

我们的产品要真正"走出去"，就必须认真分析和调研不同的图书市场。出版本土化能够较好解决针对性的问题。通过机构本土化、人员本土化、方式本土化，实现分众化、区域化出版，为对象国量身打造出版产品，使其能够真正适合某一特定国家或区域的读者阅读。

2010年1月，国家新闻出版总署颁布了《关于进一步推动新闻出版产业发展的指导意见》，文件明确提出："支持各种所有制的新闻出版企业到境外投资兴办实体。支持有条件的新闻出版企业，通过新设、收购、合作等方式，到境外建社、办厂、开店，实现新闻出版企业在境外的落地和本土化。对符合国家出口指导目录规定的境外投资，在政策、资源、信息、服务等方面予以支持。"2016年12月中央在"关于进一步加强和改进中国文化走出去工作的指导意见"中提出"注重运用市场手段推动中华文化'走出去'，支持企业做好对外文化投资，支持建设国际营销网络，延伸产品链条，完善海外投资布局结构，扩大境外优质文化资产规模。"在国家政策的推动下，国内一些出版企业陆续通过在海外建立独资、合资、兼并收购海外出版机构、建立分社或国际编辑部等形式实施资本"走出去"。从这几年的发展情况来看，目前我们出版企业资本"走出去"相对成熟和成功的模式有以下几种：一是国内出版企业在海外创建独资分公司（分社），如独资建设北美分社的北京语言大学出版社模式；二是国内出版企业与国外出版机构合资创办国际编辑部或海外出版中心，如与以色列出版机构合资创办国际编辑部的人民大学出版社模式；三是国内出版企业并购海外出版机构，如江苏凤凰出版集团和人民卫生出版社模式。这些海外分支机构都是采取本土化策略进行布局和经营，其实质就是努力将生产、营销、管理、人力资源等全方位融入当地经济中的过程。只有走本土化经营的道路，才能保持企业的生存和可持续发展，才能更好地推动中华文化"走出去"。

出版企业海外分支机构（以下简称"海外分支机构"）之所以实施本土化经营，主要原因在于以下几点。

（1）本土化产品开发和营销渠道建设的需要。制约中国图书"走出去"主要有两个因素：一是产品内容。我们的图书产品要符合外国人的阅读习惯，满足外国人的需求。海外分支机构本土化经营可以有效掌握国外市场需求，出版本土化的图书产品，解决现有的"走出去"图书不符合实际需求等问题，从而真正在国外落地生根、开花结果。二是海外营销渠道。要使我们的图书产品进入国外主流社会，就需要进入国外的主流图书营销体系。单靠版权输出和海外代理经销商是不够的，还需要在海外建立起自己的出版机构，整合国际图书市场资源，进行合理市场布局，创建自己的本土化产品线和营销队伍，扎扎实实地去推广自己的产品。

（2）适应国外出版环境的需要。我国出版企业进入外国后，面临的市场环境跟国内差异很大，当地的人文环境和消费观、政府的法律制度、原材料的供应和市场渠道等多方面存在差异，出版企业海外分支机构只有适应这些不同的环境才能够靠近产品的消费市场，使产品更好地为消费者所接受，更好地进入当地市场。

（3）融入当地文化的需要。我国出版企业进入外国后，必然面对不同的社会文化、价值观念以及语言等方面的差异，这些差异对海外分支机构融入当地社会带来很大的障碍。实行本土化经营，能够增强海外分支机构与当地政府、企业和民众打交道的能力，从而实现与当地文化的融合，避免文化冲突，有利于贴近消费市场，提高企业的运行效率和市场占有率。

（4）降低出版成本的需要。对于设在经济不发达国家的海外分支机构，实行本土化经营，可以充分利用当地市场生产成本、人力资源成本和原材料成本低的优势，降低出版成本，提高总体效益，提升企业市场竞争力。即使对于设在发达国家的海外分支机构，从企业的长期经营、队伍的稳定性等综合因素考虑，实施本土化经营也不会增加成本甚至同样会降低成本。

（5）保持海外人员稳定的需要。从国内派到海外分支机构工作的员工，由于文化差异、外语交流能力、时间周期较长等因素，往往不能安心在国外工作，会导致思想不稳定和工作效率不高。另外，海外分支机构人员通常采取定期轮换制，人员变化频率比较大，这样也不利于队伍稳定。实施部分员工本地化聘用，能够避免海外分支机构人员频繁更换，有利于创建高效、默契的团队，有利于保持经营策略的持续性和稳定性，也有利于提高工作效率。

二 本土化战略制定与经营模式选择

对于出版企业海外分支机构来说，进入外国市场最大的困难是不适应当地的经营、法律和环境。本土化是提高海外分支机构异地生存能力、尽快融入当地社会的重要经营策略，因此海外分支机构在产品品牌、人力资源、资本运作、产品制造、研究开发、企业文化等方面必须大力实施本土化战略，根据当地政治、经济、市场形势，制定清晰明确的发展战略、发展规划和发展目标。

（1）明确本土化发展定位和经营策略。海外分支机构要在当地站住脚，首先必须根据企业自身的资源优势和产品特性，明确自身的定位和本土化发展战略。要从全球眼光、国际视野、跨国运作的角度，深入研究国际直接投资的趋势与规律，探讨整合国际出版资源和市场，充分发挥新闻出版本土化投资小、见效快的特点，精确寻找适合本单位的本土化发展之路，优化企业的战略布局，完善本土化经营策略，开展全方位、宽领域的合作。

（2）确立切实可行的发展目标。发展目标要摒弃国企投资经营的惯性和思路，如过于注重经营规模和硬件投资、忽视内容和创意等，要明确"走出去"的目标是为了追求社会效益还是经济效益，还是兼而有之。目标不同，海外分支机构的经营策略也不同。本土化战略实施的目的在于实现中国出版产业的国际化，发展目标要从服务国家战略和企业的国际化战略布局以及企业的长期经营来考虑，不能为某种荣誉指标或眼前利益，为了"走出去"而"走出去"。

（3）制定近期、中期、远期发展规划。除企业定位、总体战略和发展目标外，海外分支机构还需要明确本土化战略的功能性战略，如产品战略、品牌战略、管理战略、人才战略等，并围绕这些战略制定相应的发展规划。要做好充分论证，要考虑到海外分支机构的长期投入、可持续发展与风险控制，综合考虑海外经营的多种影响因素，制定符合实际和市场规律的近中远期发展规划，分阶段分层次推进实施。

（4）选择渐进式的扩张方式，采取适合发展阶段的经营模式。海外分支机构可以根据发展阶段，采取相应的经营模式保持企业的运营。一是因本土化产品开发周期较长，海外分支机构成立初期，可以以销售总公司图书产品为主，或与国内其他出版机构合作，协助其版权输出和产品销售。二是优秀的中文编辑在海外很难聘到，培养周期较长，成本也很高。采取"前店后场"的图书编辑生产模式是一种可行的选择，即在国内成立海外编辑部，海外人员确定选题和开展营销，编辑加工和印制出版在国内完成。这一模式既使得海外分支机构选题得以高效率出版，快速实现选题出版的本土化，同时还减少了人员成本、生产成本和管理成本。三是在图书产品的销售推广过程中，尽快树立形象、建立关系、营造渠道、了解市场，进而谋划本土化选题，形成本土化产品线。四是采取"联合出版"模式，即海外分支机构与国内出版机构共同出版的模式。出版的图书有中外双重书号、双重定价，作者可以拿到中外两个市场的销售版税，图书同时在中外两个市场进行销售，这样图书的影响力和作者的待遇都会明显提升。五是随着海外分支机构的发展，国内编辑部的人员可以定期去海外工作，与海外分支机构人员交流，掌握市场情况，策划新的选题。海外分支机构逐步过渡到以聘用当地人员为主，以国内派出编辑及营销管理人员为辅，完全实现本土化运营。

此外，在海外创办企业很难，尤其出版企业很难盈利，海外分支机构在发展初期可以利用国家支持政策，申请国家资助或国家文化产业发展专项资金项目，以总公司资金投入和国家资金支持奠定发展基础，在海外站住脚。

三　研发本土化产品是发展的根本

我们这里所说的海外分支机构是出版机构，而不是海外书店或海外办事处，因此，为了保持自身的生存和发展，海外分支机构必须把本土化产品研发、创建符合海外市场标准的本土化产品线作为首要也是主要任务，要差异化、精准化定位内容产品，深耕细作，不遗余力地快速推进，努力赢得更多的读者。要对当地市场的文化背景进行深入的研究，了解当地市场的语言背景、当地消费者的生活习俗、购物需求，特别要研究当地读者的需求和阅读心理，使得出版的图书产品从内容到形式做到本土化，更加贴近市场。这样的产品才能适应当地市场的需求，为当地读者所接受。同时，要采取多种方式与海外知名出版机构建立合作关系，抓住内容生产合作关键点，把我们的原创内容与国外出版机构的优势、当地市场需求有机结合起来，推出更多既有"中国味"又接"洋地气"的精品图书。

海外分支机构在研发本土化产品的同时，要实施品牌化战略，必须把创建本土化品牌作为企业的重要战略，着力加强品牌建设，发挥品牌的引领作用，在当地乃至国际市场上形成自己的核心竞争力。美国广告研究专家莱瑞·赖特（Larry Light）认为："未来的营销是品牌的战争。品牌是公司最珍贵的资产，唯一拥有市场的途径是先拥有具有市场优势的品牌。"[1]因此，从把握潜在商机、塑造品牌出发，海外分支机构要积极发掘和培养本土化作者，由本土作者创作或编写中国主题图书易于被当地读者所接受和认可，能够抓住更为广泛的目标读者，从而获得较好的市场效益，形成本土化品牌。海外分支机构还应根据中华文化"走出去"的需要不断创新产品内容、营销推广的一体化品牌建设体系，不断创造高质量的品牌产品线或产品群，并将品牌产品的维护、拓展与推广做成一个系统，按照市场化运行机制，向纵深领域做深、做透，不断拓展品牌覆盖面及影响力。

在本土化品牌建设方面，海外分支机构可以了解国际跨国公司实施品牌本土化战略的过程，学习它们是如何进行品牌创建和品牌营销

---

[1] 庞守林：《品牌管理》，清华大学出版社2011年版，第1页。

的。例如，牛津大学出版社出版的教材在我国推广过程中，一直积极探索国际内容与本土教育的融合，根据中国不同地区、不同受众的实际情况来使读者获得更有针对性的内容，获得更好的学习效果。从最早的和本地出版社合作，进行内容授权，发行本地版本或双语版本，发展到现在有不同维度的本地化方案。第一层是针对直接引进的原版教材，对于其如何落地，牛津大学出版社提供了一整套解决方案。比如配有丰富的配套资源供选择，包括纸质和电子的；配有教育职业发展项目帮助提升教师专业素养；配有专业的学术支持团队，为不同类型的学校和老师提供个性化的建议。第二层是根据具体情况，进行深度定制。牛津大学出版社正是通过这一系列措施，打造出了适合我国教学需求的品牌产品。

四 创建本土化营销渠道是发展的关键

企业进行跨国经营最大的困扰是没有自己的营销渠道。谁掌握了营销渠道，谁就能在竞争中胜出。国际营销大师菲利普·科特勒（Philip Kotler）认为，营销观念的核心是需求导向。由于消费者需求的差异性，只有针对每个目标市场顾客群体的具体需求制定营销组合策略，才能"适销对路"，使顾客的需求真正得到满足，也才能保证企业实现营销目标。海外分支机构要在所在国市场参与竞争，就必须解决营销方式的适地性和营销渠道的本土化，推动图书产品进入专注市场，融入主流社会销售渠道，使得企业良性循环发展。

（1）海外分支机构要不断发挥自身优势，弱化竞争劣势，灵活调整营销策略。要与当地主管部门、相关机构以及民众建立良好的人脉关系，通过多种形式向社会公众展示企业本土化的诚意和决心，积极参与各种活动，积极融入当地社会之中。海外分支机构在创立初期，应充分利用国内外资源，快速进入当地出版业务领域。通过采取一系列为当地读者和客户所能接受的营销方式，树立企业形象，不断提升企业的影响力，逐步进入当地主流社会。

（2）根据当地市场环境，结合自身产品特点，创新本土化营销渠道模式。海外分支机构要投入大量时间和精力进行市场调研，真正了解当地市场状况，然后根据当地市场特点设计适合本地的渠道模式，并随着环境的变化不断改进和完善营销渠道。有效整合当地资源，创建包括展会营销、活动营销、内容营销、网络营销和数字化营销工具的本土化营销体系，实现营销本土化。

（3）随着多种媒介融合出版的发展，个性化消费和消费体验已成为新的发展趋势，并成为品牌经营的重要内容。海外分支机构应从传统的产品营销向服务与体验相结合的营销方式转变，着力于塑造个性化产品，注重编辑、营销人员与读者的互动，培养读者对图书产品的忠诚度。

（4）与本土化经销商合作，进入当地主流社会营销渠道。海外分支机构为了规避经济、文化、地理等方面的差异，使图书产品进入当地主流社会营销渠道，可以与当地的出版商和图书销售公司进行合作，利用其本土化渠道和网络拓展市场，实现营销渠道本土化，降低海外市场的进入壁垒。北京语言大学出版社北美分社自2012年正式运营至2015年年底，一是完成了实体分销渠道的本土化建设，开拓了包括Ingram、美国大学书店联盟、全美IB学校联盟、加州儿童图书城等美国12家主流渠道，图书产品成功进入16家巴诺连锁书店（Barnes & Nobel）和Follet大学书店系统和主流图书馆配渠道；二是完成了网络分销渠道的本土化建设，2013年实现在亚马逊上全产品上线；三是通过探索实施"E-Marketing"营销计划，掌握全美中小学的实用信息，建立了拥有4000余名中小学中文老师、2000余名大学中文老师在内的"E-Marketing"营销系统，初步实现了用户的网上购买；四是推动教材成功进入美国佐治亚州、阿拉斯加州、俄克拉荷马州、犹他州、得克萨斯州和俄勒冈州等六个州的官方采购书目，使得中国出版的汉语教材首次进入美国国民教育体系。

近年来，电商巨头亚马逊在线上图书销售方面占据垄断地位，仅2017年上半年亚马逊图书销售额便高达30亿美元，同比增长46%；电子书销售额达到7.5亿美元，同比增长6%。2017年亚马逊占据美国图书销售的半壁江山，每卖出两本书中就有一本来自亚马逊网站。除了在线上不断扩展其商业版图之外，亚马逊线下实体店业务也是风生水起。从2015年首家实体书店营业以来，亚马逊在全美开设了一系列实验性质的实体书店。2017年5月，亚马逊第七家书店在哥伦布圆形广场（Columbus Circle）的时代华纳中心开张。之后，亚马逊还计划再开六家书店。这些线下店选址大都集中在大学、商场等青年聚集地，采用读者导向与数据至上相结合的全新书店运营模式。在图书分类上，它完全打破传统书店的主题分类模式而采用基于大数据读者分析的评分制。它还利用其海量的消费数据和消化能力，为读者提供了更加丰富和人性化的信息和用户体验。

五 建设本土化人才队伍是发展的核心

随着在境外投资、设点越来越多，我国出版企业在跨国经营中面临的最大挑战在于如何将自己的文化理念融入当地，遇到的最大障碍在于缺乏跨国经营管理的人才。出版企业海外分支机构在经营过程中，常常要面对不同的人文历史环境及其带来的不同的判断标准和价值取向，人们对于商业活动的思维方式、运作方式、评价方式也有很大不同。海外分支机构要想经营好一个国际化企业，在当地站稳脚跟，必须建设一支熟悉当地政治、经济、文化、法律、风土人情的本土化人才队伍，使公司的各种行为符合所在国的国情，做到入乡随俗，以保证公司运行平稳。

1. 选好海外分支机构负责人是事业成败的关键

海外分支机构需要独立在海外运营，总公司必须授予其独立经营自主权，因此，海外分支机构负责人的好坏关系到出版企业投资决策的成败。海外分支机构负责人既要具有很高的综合素质、对事业忠诚，又要懂企业经营管理，还要熟悉目标国语言和法律，因此海外分支机构负责人的选拔应该纳入出版企业海外投资决策，事先要物色好合适人选。

2. 聘用当地人才是本土化人才队伍建设的重要环节

海外分支机构组建本土化经营团队，最好采取国内派出与当地聘用相结合，以聘用当地人为主的方式。一方面，国内出版企业国际化人才十分短缺；另一方面，从国内派人出去，虽然直接成本低，但间接成本高，因为他们需要过语言关、法律关、生活关等，需要一两年才能适应工作。海外分支机构可以通过在当地招聘人才的方式，弥补因国内外派员工不足而产生的人力资源短缺。聘用的当地员工没有文化融合的障碍，并具有天然的资源优势和地域优势，他们熟悉本国国情，熟悉当地的法律、文化，了解市场，社交圈子大，容易和客户沟通，能够及时获得市场信息，拓展市场领域，有利于海外分支机构在新的环境中站稳脚跟，为未来发展奠定基础。

3. 跨文化融合是本土化人才队伍建设的重要内容

海外分支机构在实施本土化战略时，建立适合当地的企业文化是很重要的，既要有本企业特色，又要符合当地文化习惯，在国内派出人员适应当地文化习俗的同时，还要引导聘用的当地人员适应我们的企业文化，使得我们的企业文化与当地文化有效融合，实现跨文化整合，形成具有自己鲜明特点的企业文化，并通过多种方式让来自不同文化的团队成员认同企业文化及价值观，并尽快地融入其中。

4. 从海外学子中选拔人才是本土化人才队伍建设的有效方式

我国在海外留学人员和学成后留在海外工作的人员很多，他们在海外生活多年，外语好，熟悉留学国家的政治、经济、法律、文化，熟悉当地的情况和人际关系，具备跨文化沟通能力，能够很快进入角色。同时他们还会成为国内派遣人员和国外聘用的当地人员沟通的桥梁，对企业文化建设起到积极作用。海外分支机构可以充分利用这些丰富的留学人才资源，选拔补充到自己的团队当中，更好地发挥作用。

六　实施本土化管理是发展的保障

在本土化过程中，企业要转变经营管理策略，实施本土化管理。所谓本土化管理，是指企业在国外经营时，从战略全局的角度来规划运营国外企业的人员、组织管理、资本、产品、技术等各个层面，使之适应本土的社会、文化、法律、宗教、政策等惯例，使企业的一切经营管理活动都融入本土的社会中去。海外分支机构在异国进行企业经营管理面临许多困难，其核心问题就是，我国出版企业缺乏海外企业经营管理的相关知识及经验。我国出版企业必须改变用行政领导方式经营管理海外子公司的惯性思维，推进海外分支机构管理方式本土化，按所在国市场经济的规章制度和动作方式规范操作，与国际通行的做法接轨，采取本土化经营管理，以提高市场开拓和竞争能力。

1. 注重跨文化管理

由于文化背景、价值观念的不同，相同的政策在不同的文化环境中可能有不同的理解，不同的执行方式，也可能会产生不同的效果。海外分支机构所聘用的当地员工因对企业价值观和经营理念认同上存在差异，必然会导致跨文化的管理问题，如果处理不好则将影响企业的经营管理。因此，海外分支机构在本土化管理的过程中，应注重跨文化管理，大力增强有效的跨文化沟通。一方面，通过组织多种形式的活动，促进来自不同文化的员工间的沟通与合作，提高团队员工对企业环境的适应性，从而增强团队的凝聚力。另一方面，海外分支机构也可以选派人员到总公司短期工作或培训，全面了解企业，增强他们对企业的认同感，促进团队的跨文化融合。美国《国际商业周刊》曾有文章写道："不同的语言、文化和价值都被国际商业的基本原理融合在一起，其结果是提高了生产力，创造了财富。"[①]因此，各种文化的优质要素经过跨文化整合后会形成一个新的企业文化，这并不是替代或战胜，而是适应或融合。

2. 建立科学的薪酬绩效体系

在海外分支机构发展初期，为减少管理成本和个人税费，海外分支机构可以采用国内外标准相结合的薪酬绩效体系。对于外派人员，可以采取"国内薪酬标准＋国外补贴＋年终绩效"的模式。处于发达国家的，薪酬标准参考当地的薪资水平（一般在低线）；处于不发达国家或薪酬标准低于国内的，按国内标准执行。对于聘用的当地员工，则按照当地薪酬标准执行。

3. 按照中外双重标准加强财务管理

（1）根据国内外财务管理规范，制定较为完善的财务管理、资产管理、物流管理、营销管理等制度体系，建立各个环节的内控机制，保持不相容职务的岗位牵制，严控财务资产环节管理。

（2）实行全面预算管理，将预算管理贯穿海外分支机构的业务流

---

① 章丽萍、沈雄白：《跨文化优势、冲突与管理》，《商业经济与管理》2002年第9期。

程、成本控制与效益预估之中。海外分支机构根据当地财务准则和总公司的财务管理要求实行独立核算。

（3）根据自身业务需要制定作业流程，利用国际先进的信息化管理系统对采购、销售、合同、物流、库存管理、货款收支环节实现全流程控制。

（4）聘用当地财会人员，内部实行规范的财务审批管理。每年聘请当地专业中介机构进行财务审计。

七　处理好几个关系

目前，我国出版企业资本"走出去"仍处于探索阶段，海外公司注册容易，但想在海外站住脚并实现可持续发展很难，海外分支机构的发展模式、发展特色、产品研发、渠道建设、队伍建设、跨文化管理等都面对极大的挑战。在实施资本"走出去"战略，开展本土化经营管理的过程中，出版企业与海外分支机构要处理好以下几个关系。

1. 海外分支机构与总公司的关系

（1）实行阶段性运营机制。海外分支机构在初创阶段，可以采取一体化运营模式。总公司要在产品、渠道、人员、资金等方面多给予配套资源支持和扶助，而不是采取企业对企业的独立剥离政策，使其处于孤军奋战的状态。海外分支机构初期可以以经销总公司产品或国内其他出版企业产品为主，总公司要安排具体部门负责协调好国内货物及物流配送，及时供应所需产品；还要及时传递国内信息，使海外分支机构能够把握国家出版方向，利用好国家的相关支持政策，并与国内相关企业建立合作关系，共同推动海外业务的发展。海外投资的成败关系到总公司战略决策和国际化发展的大局，海外分支机构要及时向总公司汇报工作进展与经营状况，使总公司能够把握方向，掌控大局，心中有数。

（2）将战略性决策和具体经营决策分开。总公司对海外分支机构的经营管理目标主要应包括下列两点：一是使海外分支机构的发展符合总公司的国际化战略规划；二是督促海外分支机构实现预定的利润计划。为了实现这两个目标，总公司应对海外分支机构的重要人事安排、重大投资决策和关系海外投资企业全局发展的战略规划做出具体指示。除此之外的日常经营决策，则应交给海外分支机构，使其自负盈亏、自主经营。

（3）建立现代企业制度，明晰产权关系。海外分支机构是总公司在海外设立的子公司，总公司应按照现代企业制度进行管理，建立法人治理结构，明晰产权，依法依规进行控制。在此基础上，总公司可派出一些高级管理人员负责海外分支机构的正常运营，而不用担心对企业失去控制，甚至资产流失。因此，建立现代企业制度，明晰产权关系是加强控制的主要手段。

2. 社会效益与经济效益的关系

出版企业跨国经营的根本目的是推动图书产品进入外国主流社会，实现中华文化的国际传播，但是出版企业作为一个现代企业，必须遵循市场法则和产业发展规律，通过明确自身发展战略，开展积极的本土化经营活动，来获取最大的经济效益。如果一个出版企业只是为了某种荣誉指标或眼前利益，为了"走出去"而"走出去"，在海外将难以生存。如果海外分支机构长期亏损，任何出版企业也无法承担这巨大的资金压力，更不能够从海外市场获得一种成熟有效的商业模式，这样的海外分支机构只能夭折或名存实亡。离开经济效益讲社会效益，将一事无成。

海外分支机构本土化经营的重点是盈利模式的问题。把国内出版企业的盈利模式照搬到海外是行不通的，会存在"水土不服"的问题。

海外分支机构发展的重点应是根据海外市场的特点，重新构建自己的盈利模式，解决自身生存的问题。从外部输血转换为自己造血，从内核当中产生企业的核心竞争力，就能够在海外实现本土化。本土化的核心不在于面子，不是说买了房子，招聘了当地员工就是本土化了，只有创建或者并购的企业在我们的经营管理下逐步形成自身的核心竞争力，能够保持长远发展，才是真正的本土化。

3.聚焦发展与多元化发展的关系

出版企业海外分支机构应以出版为主业，聚焦在图书产品的生产与营销上。只有聚焦出版主业，才能快速建立起海外本土化产品线，树立本土化品牌产品，进而获取好的经济效益，实现我们"走出去"的目标，才能够保持可持续发展。但从客观上讲，由于意识形态、文化等方面的差异，我们的图书产品在国外的目标群体还不广泛，市场份额还不大，所以目前海外分支机构如果只是做中国图书出版业务，盈利的空间不大，能够达到盈亏平衡都很不易。基于这种情况，为了企业的长远发展，我们在聚焦出版主业的同时，可以根据自身的特色优势、资源优势适当考虑多元化发展，将品牌优势在有限的范围内延伸，即所开展的业务要与出版业务相关联，能形成互相促进的关系，使得企业能够生存并实现盈利，提升企业国际竞争力，不断发展壮大。

北京语言大学出版社北美分社于2012年9月在美国芝加哥正式运营，在进行总社汉语教材营销和积极致力于本土化汉语教材的研发出版的同时，他们借助全美大、中、小学校汉语教师资源，开展了美国学生短期来华留学项目和国内学生短期赴美国夏令营项目，同时还与国内高校及来华留学教育机构合作招收来华留学生。这些项目既使得北京语言大学出版社北美分社获得了一定的收入，又与国内外汉语教师保持了密切的关系，有利于汉语教材的开发与推广。北京语言大学出版社北美分社通过采取"出版＋教育"的经营策略，在2015年实现盈亏平衡，2016年起实现了盈利。2017年5月北京语言大学出版社北美分社成立了梧桐国际教育中心，并引入北京金融街集团资本，协同进军国际教育培训领域。北京语言大学出版社北美分社力图通过实施"出版＋教育"的国际化发展战略，为自己带来更多更好的商业机遇，推动北京语言大学出版社北美分社的集团化发展。

4. 自主发展与政府支持的关系

"政府主导，企业主体，自主经营"是中国出版"走出去"工作的指导方针。一方面，出版企业要发挥"走出去"的主体作用，在创建海外分支机构之时，要做好投资风险评估，充分论证自己企业资本"走出去"的可行性，要对市场、目标客户群体进行详细的分析和市场调研，要充分考虑到海外投资的长期目标、可以预期的市场回报和经营风险，以此来决定海外分支机构建设的模式和投入资源的数量和形式，确保海外投资策略得当。创建海外分支机构绝不能只是为了得到政府的相关政策优惠，利用政府提供的财税优惠措施获取短期利益，运动式、跟风式是不可能长久的。此外，出版企业海外分支机构应开辟多种融资渠道，鼓励和吸引国内外社会资本投资，加大海外分支机构经营投入，以股份制的方式或者股权激励的方式共同开展海外出版业务合作，把出版规模和企业品牌做大做强。

另一方面，政府应发挥好"走出去"的主导作用。政府设立出版业资本"走出去"项目，给予一定的资金支持，对于出版企业海外分支机构的创建发挥了重要的作用，增强了出版企业"走出去"的信心。如"丝路书香工程"资助了五洲传播出版社、社会科学文献出版社等10家单位在阿联酋、俄罗斯开设分支机构，形成了一批战略支点。出版企业海外本土化发展是一项长期而艰巨的任务，政府应进一步优化出版业资本"走出去"政策，扶持一些海外企业发展起来，扩大市场规模和提高效益，实现中华文化国际传播的最终目标。具体来说，一是要设立更多的文化产业专项资金项目,支持出版企业在海外经营,持续发展;二是制定出版企业资本"走出去"的总体规划和战略布局,指导出版企业稳妥、科学地设立海外分支机构;三是优化资本"走出去"政策体系,有效扶持一批出版企业海外发展,打造跨国出版集团;四是建立海外分支机构沟通协作机制,定期组织召开出版企业海外投资经验交流会,为出版企业提供一个相互学习、互通信息的平台。

  随着我国出版业国际化程度不断深化,我国出版业面临着国内国外两种资源、两个市场和两种竞争,海外本土化经营是我国出版企业国际化进程的必然阶段。我国出版企业应深入研究国际投资的趋势与规律,优化出版业国际化的顶层设计和战略布局,完善出版企业的海外投资策略,积极推动出版资本"走出去",根据自身特色与优势选择适合的国际市场进入模式,参与到国际市场竞争之中。我国出版企业海外分支机构要想长期稳定发展,必须不断提高本土化经营能力和本土化发展质量,实现从中国企业向本土企业的转变,只有这样才能真正成为国际化的跨国企业,真正增强国际传播能力。我国出版企业海外本土化发展还处于初级阶段,与国际著名跨国公司相比,无论规模还是效益,无论经营还是管理,都还有很大的差距。我们应该虚心向成功的跨国公司学习,学习它们本土化经营的成功经验,全面提升本企业的国际竞争力,推动企业的国际化发展步伐,实现既定的"走出去"目标。

第十章　北京语言大学出版社北美分社建设经验及启示

为了更好地推动中国出版"走出去",让中华文化走向世界,增强国家的文化软实力,推动社会主义核心价值观的海外传播,自2006年以来,国家出台了一系列"走出去"鼓励政策和措施,推动出版企业"走出去"。我国一些优秀的外向型出版企业和具有资本优势的出版企业在做好国内产业改造和升级的同时,逐渐将发展的目标瞄准海外,经过实物出口、版权输出、合作出版等图书"走出去"形式拓展后,逐渐探索和实施出版实体和资本"走出去"。只有通过资本"走出去",打造中国出版"走出去"的桥头堡,我们的图书产品才能融入国外主流社会,易于外国人所接受。同时,通过资本"走出去",中国出版企业更多地参与了国际市场竞争,增强了企业自身的核心竞争力。本章以北京语言大学出版社北美分社的创建与运营为例,探讨出版企业资本"走出去"的模式路径、发展战略以及经营管理,从而为中国出版业资本"走出去"带来借鉴和启示。

第十章　北京语言大学出版社北美分社建设经验及启示

一　北京语言大学出版社北美分社发展历程与经营状况

1. 发展历程

2004年4月，北京语言大学出版社（以下简称"北语社"）明确了"对外汉语教学与研究专业出版社"的发展定位，实施"海外拓展战略"，着力将国际汉语教材及相关文化产品推向世界。

2010年6月，北语社根据自身的海外战略布局和本土化战略，筹划在美国设立分支机构。北语社管理层先后赴美国卡拉马祖、纽约、波士顿、芝加哥等城市进行选址调研，最终选址在芝加哥，填补了北语社在美国中北部地区的市场空白，与北语社在美东、美西主要经销商形成科学合理的市场布局。

2011年9月，北语社在美国芝加哥注册了"Phoenix Tree Publishing Inc."（梧桐出版有限公司），简称为北语社北美分社，系北语社全资企业。

2011年10月，北语社在美国芝加哥购买了办公楼和员工公寓。

2011年11月，北语社北美分社在美国外语教学年会上宣布成立，北语社由此成为第一个在海外建立分社的中国高校出版社，北京语言大学也由此成为国内第一个拥有海外资产的大学。

2012年9月，北语社北美分社正式投入运营。

2012年10月，北语社北美分社与美国亚马逊Amazone、SHOP.COM、eBay等网络发行公司建立合作关系，实现了北语社全品种图书在全美主流网络平台一级页面在线销售。

2013年6月，北语社北美分社图书产品进入了主流书店渠道和主流图书馆配渠道，包括Barnes & Nobel、Follett等。

2013年12月，北语社北美分社与美国犹他州教育厅合作开发中小学沉浸式中文教材，实现产品直接进入美国国民教育体系课程规划，走进美国中小学课堂。之后，北语社北美分社先后成功进入阿拉斯加州、俄克拉荷马州、佐治亚州、得克萨斯州和俄勒冈州等六个州的官方采购书目。这也是我国出版的教科书首次进入美国国民教育体系。

2014年9月，北语社北美分社实现经营队伍的本土化，建立了派出人员与当地聘用人员相结合，以当地为主的经营团队。形成了"踏实创业的精神、面对困难的勇气、百折不挠的激情、不断学习的热情、真抓实干的品质和厉行节俭的作风"的创业型企业文化。

2015年9月，北语社北美分社实现营销本土化。建成展会营销、活动营销、内容营销、网络营销和数字化的营销工具等5个板块系统的本土化营销体系。代理经销商已经覆盖美国15个州40余个城市，本版新书可在一周内在主要地区展示销售。

2015年12月，北语社北美分社实现年度收支平衡。

2016年3月，北语社北美分社在北京成立北美分社编辑部，采取前店后厂的模式，北语社北美分社市场人员在美国拿选题做营销，北美分社编辑部在国内编辑出版。这一模式使北语社北美分社选题得以快速出版，快速实现选题出版的本土化。

2016年12月，北语社北美分社实现了年度盈利。

2017年5月，北语社北美分社成立梧桐国际教育中心，进军国际教育培训领域。一是全力打造"梧桐名师"讲坛这一全新的北美中文教师培训品牌，先后组织网上网下专题培训40余场，总计培训8000人次；二是开拓美国学生赴华短期学游项目、中国学生海外微留学项目等专门针对中美学生的国际文化教育交流项目，年均输送100余名美国青年学生赴华进行中国语言文化项目的体验和学习。

2017年12月，北语社北美分社占到北美中文教学市场20%的份额，先后超越多家本土中文教学出版机构，成功挤掉在美的远东出版社、IQChinese等台湾地区背景的出版公司，形成与Cheng & Tsui、Better Chinese三足鼎立之势，成为北美地区三大核心中文教学出版商之一。目前，北美有260多所大学和1200多所中小学在使用北语社或北语社北美分社的教材。

2017年2月18日，原国家新闻出版广电总局副局长孙寿山一行对北语社北美分社实地考察后，给予了高度赞扬和充分肯定：语言是文化的载体，汉语的国际推广可以让世界了解中国文化，了解真实的中国，北语社北美分社所从事的工作具有重要的国家意义，所取得的成绩对国家文化"走出去"具有积极贡献；北语社北美分社作为国有企业，能在五年多时间里发展到这样一个水平难能可贵，非常不易；北语社北美分社的创建是真抓实干，不是作秀，是真正意义上的"走出去"；北语社北美分社对国家使命认识到位，企业定位清晰，战略明确，勇于创新，肯于吃苦，其所形成的企业文化、创业精神值得推广，北语社北美分社是中国出版"走出去"的成功案例与样板。

2. 北语社北美分社基本情况

（1）销售收入逐年增长，市场份额不断扩大。北语社北美分社自2012年9月正式运营，2013年实现销售收入13.3万美元，2014年实现销售收入22.6万美元，同比增长72%；2015年销售收入达到48.8万美元，同比增长116%，2015年北语社北美分社实现了盈亏平衡、独立发展。2016年，北语社北美分社继续保持快速增长，全年销售收入68.8万美元，实现利润1.33万美元，彻底实现扭亏为盈。截至2016年12月31日，北语社北美分社资产总计216.2万美元（其中不含分社房产和在京存货），同比增长12%。2018年北语社北美分社继续保持快速增长，全年实现销售123万美元，实现利润3万美元；截至2018年12月31日，资产总计255万美元（其中不含分社房产和在京存货），同比增长8%。2018年，北语社北美分社教育项目收入45.7万美元，较2017年增长了一倍多，"出版+培训"的运营格局基本形成。

（2）北语社北美分社将汉语教材和中华文化产品成功打入北美主流市场，并研发出版了一系列符合北美教育体系标准与要求的本土化精品出版物。①通过北语社北美分社的营销推广，北语社出版的《轻松学中文》《HSK 标准教程》等品牌产品被美国佐治亚州、犹他州、俄克拉荷马州等六个州政府纳入中小学选购教材目录，这是中国汉语教材首次正式进入美国中小学国民教育体系；②北语社出版的汉语教材成为美国众多大学的首选，如《新实用汉语课本》先后被马里兰大学、普渡大学等全美近百所大学选用，《成功之路》入选西北大学、佩斯大学、纽约大学的高年级课程，《新概念汉语》成为乔治华盛顿大学的选修教程等；③美国国防语言学院、联合国中文组等众多中美文化交流机构在北语社北美分社的推动下，将北语社的多个文化出版物确定为官方指定教程；④北语社产品北美地区销售品种从原来的 100 余种增加到 700 余种，销售码洋从原来的 100 余万美元增加到现在的 500 余万美元，产品成功进入美国 25 个州的学区教学系统和 1000 余所大中小学；⑤北语社北美分社研发的本土化产品获得市场认可，本土化产品线不断健全，短短 3 年时间先后出版了全美第一套本土化中华文化出版物《中国的故事》，全美第一套中文指导性阅读丛书《这是我的书》，全美第一套小学沉浸式本土教程《小学中文》等；⑥合作出版风生水起，美国哥伦比亚大学、休斯顿大学、弗吉尼亚大学、耶鲁大学等知名大学先后与北美分社进行了出版合作；⑦北语社北美分社还将国内 30 余家出版社的百余种优质文化产品推向北美市场，帮助国内多家出版社开展版权贸易工作，效益显著。

（3）北语社北美分社打通了北美大中小学、书店、馆配、网络等众多营销渠道，建成了北美地区本土化渠道网络体系，将汉语教材和中华文化出版物推广进入美国国民教育体系，为中国出版业"走出去"提供了具有开创性和典型性的行业示范。①与美国当地最大网络书商 Amazon 以及最大实体零售书店 Barnes & Noble 等主流经销商合作，使北语社全线图书进入美国本土主流营销渠道；②创建北美一级、二级、三级营销商渠道 30 余个，将触角向街区进一步延伸；③自主网络销售平台覆盖北美3个国家49个州,销量逐年递增;④与北美地区102家孔子学院建立战略合作关系,选题出版与产品销售同步推进;⑤建立北美地区新媒体营销社群27个,积累了一大批教师、专家和经销商资源;⑥组织参与全美各级各类专题教学研讨会、图书展销会等文化交流活动240余场,北语社北美分社在当地的行业影响力不断提升;⑦已经形成了覆盖全北美K-12各个年龄、各个级别,覆盖150所北美大学、1300所中小学的教材出版发行体系。

(4)北语社北美分社积极推进网络渠道建设,创建了本土化网络营销平台。北语社北美分社分别建设了Facebook、Youtube、MailChimp、微信等四个营销平台,目前为止,几个平台内容点击量加起来已经超过45万次,关注人数1.6万人,其中85%以上为北美中文老师。从2017年开始,北语社北美分社加大了微信和邮箱两个版块的推广力度,每月固定推送8篇长短不一的中英双语小文。同时,还创建了"梧桐名师"讲坛的网络培训品牌,邀请北美知名中文培训师从不同角度讲解中文教学的理念、方法和技巧等内容。北语社北美分社还利用门户网站整合了图书销售、信息发布、资源下载、付费课程等专区,网站与微信、邮件、Facebook等社交平台联动,形成了一个立体化的中文教学与学习社区。

(5)北语社北美分社一直致力于推动汉语和中国文化进入北美国民教育体系,推动中国传统文化进入美国K-12的课堂。北语社北美分社自2012年成立以来,一直秉承国家"增进理解、凝聚共识、促进合作、深化友谊"的指导方针。一方面客观上加快了汉语和中国文化在北美的多层次推广,促进了北美汉语教育多元强势发展;另一方面极大地增强了北美友好人士对中华文化的认同感,提升了中华文化在海外的传承力。北语社北美分社在推动汉语和中国文化进入北美国民教育体系方面一直采取线下和线上活动相结合的模式,利用自己已有的美国公立教育系统渠道优势,开辟了具有自身特色的一套汉语和文化的推广理念，由学生影响家长，由家长再影响整个社区，大幅度增加汉语和中国文化的认知度和影响力；北语社北美分社线下积极参与美国国家级、州级学术研讨会并在会上设展位推广汉语和中华文化，每年参加的国家级、州级及市级的外语学术会议超过30次；同时线上也利用远程培训系统开办了"北美梧桐名师讲坛"系列远程讲座活动，"北美梧桐名师讲坛"作为美国首个以汉语教学和文化传播的在线平台，收获了北美一大批忠实的听众和参与者。北语社北美分社还和美国最大的公立学区之一芝加哥公立学区合作，举办针对不同中国传统节日的"中国文化进课堂"专题活动，反响非常强烈，很多学校都开始主动申请加入该活动。

（6）北语社北美分社取得了显著的社会效益。①北语社北美分社的投资建设是北语社响应国家文化"走出去"战略和"一带一路"倡议的具体举措，有助于弘扬中华优秀传统文化，有助于国外民众全方位、立体化感知中华文化的独特魅力，有助于提升我国文化软实力；②北语社北美分社的投资建设有效遏制了带有西方价值观的中华文化出版物在北美地区的推广普及，遏制了一些对中国不友好的出版商在北美地区的发展扩张趋势，让带有中国社会主义核心价值观的文化产品占领了北美主流市场，进入了美国国民教育体系，加快了"中国梦"的国际宣传，也加快了世界了解真实中国的步伐；③北语社北美分社的投资建设是以汉语学习的角度进行文化宣传，是以企业参与海外市场竞争的方式进入北美教育界和出版业，淡化了官方色彩，更容易被海外各国政府及各种机构接受；④北语社北美分社的投资建设为北语社获取了外汇利润，实现了国有资产增值，扩大了国有企业规模，提升了企业的国际市场竞争力，提高了民族企业的品牌国际影响力；⑤北语社北美分社投资建设所积累的出版业资本"走出去"经验，为国内其他出版机构提供了借鉴与行业示范，有助于带动行业内企业一起"走出去"；⑥北语社北美分社投资建设，为北美地区带去了最先进的汉语教学法和汉语教学资源，组织的教师培训会有效提升了当地汉语教师的教学水平，促进了当地汉语教学的发展。

（7）北语社北美分社设施完备，机制健全，队伍齐整。截至2018年底，北语社北美分社共计投入资金1721.55万元，主要用于本土化产品研发、营销渠道建设、办公和人员工资等支出，这些资金全部由北语社自筹。北语社北美分社拥有办公楼一处，使用面积约528平方米，员工公寓两处，一处约100平方米，另一处约158平方米，有效满足了企业当前发展的场地需求。在制度建设方面，北语社北美分社一方面严格履行我国境外设立企业的各项要求；另一方面严格按照美国企业的标准运行，形成了一大批规章制度文件，涉及研发、编加、印制、发行、物流、财务、人力资源等方方面面。这些本土化制度的建立，有效避免了文化冲突，适应了当地的发展，成为企业长远健康发展的基本保障。北语社北美分社现有正式员工12人，其中长期驻外员工8人，外籍员工3人。

北语社北美分社正式运营七年多来，筚路蓝缕，艰苦创业。所开展的踏实、深入的汉语言推广及中华文化"走出去"工作，促进了北美地区汉语教育事业的发展，推动了中华文化在北美的传播，受到了原国家新闻出版广电总局、国务院新闻办、国家汉办等部门的肯定与表彰，被誉为中国出版"走出去"的典范。

二 北京语言大学出版社创建北美分社是企业发展的战略考量

任何一个企业在制定发展战略规划时都要考量三个主要的因素：一是企业所肩负的使命如何更好地实现？二是企业的社会效益与经济效益如何更大化？三是市场在向哪个方向变化发展？北语社的国际化发展战略顺应这三个要素展开，不仅要实现实质性的"走出去"，更要实现实质性的"走进去",为企业创造更多的社会效益和经济效益。

1. 落实国家文化"走出去"战略与自身实施国际化战略的重要举措

中国出版"走出去"是中华文化"走出去"的重要组成部分,是讲好中国故事、展示中国形象、提高我国国际传播能力、增强国家文化软实力的有效途径。资本"走出去"是中国出版"走出去"的一个战略组成部分。国家出台了一系列关于支持出版企业资本"走出去"的政策和措施,支持有条件的出版企业,通过新设、收购、合作等方式,到境外建社、办厂、开店,实现出版企业在境外的落地和本土化,积极推动出版企业通过资本"走出去",助力中华文化"走出去"。北语社为国际汉语教学与研究专业出版社,以国际汉语教材出版为主要特色,是一个外向型出版社。北语社之所以能够在2004年至2009年的6年间实现跨越式发展,其中一个重要因素就是将国际化发展战略确定为主体发展战略,积极拓展海外市场,推动图书走向世界。北语社正是在"走出去"的过程中增强了自身的核心竞争力,不断发展壮大起来的。随着"走出去"工作的不断深入,北语社无论从落实国家"走出去"战略角度,还是从自身发展角度,都对"走出去"进行了新的探索,从版权输出和实物出口向资本"走出去"、在海外建立自己的出版机构迈进。

2. 北语社承担国家使命的重要选择

在国际形势复杂多变的大背景下,要进一步提高我国国际话语主导权,就必须遏制带有西方价值观的中国文化出版物及出版商在海外地区的发展扩张趋势,让融入社会主义价值观的汉语教材、文化产品占领国外主流市场,这既是增强国家文化软实力的需要,也是中国出版企业的使命与责任。语言是传播文化的载体,作为世界最大、最专业的国际汉语教材出版社,北语社理应成为中国出版"走出去"的先头部队,通过不断推动优秀国际汉语教材在海外的推广,促进海外汉语教学的发展，突破制约中华文化"走出去"的语言瓶颈，最终实现中华文化的"无障碍"传播。美国是中华文化推广的重要区域，北语社北美分社的设立立足于中国语言与文化的传播，通过本土化汉语教学资源的出版，推动美国汉语教学的发展，增进北美民众对中华文化的认同感，促进两国民众间的理解和互信，培养更多的知华、友华、亲华的群体。

3. 满足北美地区汉语教学发展的需要

制约国际汉语教学发展的三大瓶颈是：教师、教材和教学法。北美地区汉语教学需求增长迅速，教师群体的数量激增，但除部分大学和少部分中小学汉语教师具有较高的专业素养外，相当比例的汉语教学师资由其他专业和其他行业转型而来，既缺少专业知识，也缺少专业化的培训。他们需要接受汉语本体知识和教学方法等方面的培训，需要获取成熟的教学培训资源。设立北语社北美分社，利用北语社的汉语教学与研究专业优势，传播优秀的教学理念、教学方法和教学资源，能够提升北美地区汉语教师的教学水平，帮助汉语教师快速成长。

4. 北语社海外战略布局与市场拓展的需要

设立北语社北美分社是北语社顺应国际汉语教学和学习发展趋势，实现企业效益最大化的需要。一方面，来华留学人数增长缓慢，来华留学生2010年为26.51万人，2011年为29.26万人，2012年为32.83万人，2013年为35.65万人，2014年为37.71万人，2015年为39.96万人，2016年为44.28万人，2017年为48.92万人，2018年为49.20万人。从2010—2018年来华留学生的数量可以看到，来华留学汉语教材市场增量较小，而且将在2020年后基本达到饱和。尽管北语社已在国内占有来华留学市场80%的市场份额，但可以预见到2020年后，北语社在来华留学汉语教材市场的上升空间将非常有限，企业发展将受到限制。如何破局将是摆在北语社面前的一个问题。

另一方面，全球学汉语的市场客户群发生了深刻的变化。一个变化是，随着全球孔子学院的蓬勃发展，外国人学汉语的主体逐渐由国内延伸到国外，且国外的学生体量要远大于来华留学生，呈现来华留学和海外本土学习两种形式同存。2010年孔子学院总部在全球建立了322所孔子学院和369个孔子课堂，2011年孔子学院总部在全球建立了349所孔子学院和500多个孔子课堂，而到2018年年底，孔子学院总部已在154个国家和地区设立了548所孔子学院、1193个孔子课堂和5665个汉语教学点，60多个国家已将汉语纳入国民教育体系，各类学员累计达916万人。北美地区汉语教学和学习发展迅速，孔子学院总部在美国建立了110所孔子学院和501个孔子课堂，注册学生已达近30万，是全球学生数最多的国家。另一个变化是，海外本土的学习主体由大学逐渐延伸至中小学，中小学的体量要远大于大学，学生群体增速最快的区域在北美和东南亚。正是基于对来华留学和海外汉语学习市场的分析，同时考虑到美国外语教学研究的先进性和出版行业的先进性，北语社最终决定在美国建立分社。

5. 本土化产品开发和海外营销渠道建设的需要

制约中国出版"走出去"的两个主要因素，一是产品内容。我们出版的图书要符合外国人的阅读习惯，能够满足外国人的需求。设立北美分社可以有效掌握北美汉语教学和学习市场需求，研发本土化汉语教学资源，解决存在的汉语教材不够本土化、不符合实际需求等现实问题，从而使中国出版真正在北美地区落地生根、开花、结果。二是海外营销渠道。要使中国图书进入国外主流社会，不能单单依靠海外代理经销商，还需要在海外建立起自己的机构，需要进入国外的主流图书营销系统。设立北语社北美分社能够进一步整合图书市场资源，进行合理市场布局，创建自己的本土化产品线和营销队伍，扎扎实实地去推广自己的产品，占领海外主流市场。

三　创建北京语言大学出版社北美分社的论证过程

创建北语社北美分社其本质是一次海外创业，对它的论证就是一次创业计划的论证。北语社按照创业项目的论证程序进行严格论证，先后进行的项目论证环节有：北美市场政治文化环境论证、市场规模的论证、选址的论证、资金投入的论证、产品的论证、盈利模式的论证、分社负责人人选论证、审批程序论证及项目的风险论证等。

2010年，北语社对美国的市场进行了系统的调研，形成了相关的商业计划书，经过社委会、职工代表大会、董事会和学校党委常委会等一系列程序的论证，得到了广泛而明确的支持。之后，北语社启动设立北美分社的行政审批程序，经过学校、教育部、新闻出版总署、商务部、北京市发改委、北京市外汇管理局等一系列的审批程序，最终获得了海外投资许可的资格，可以进行北语社北美分社的投资建设。2011年北语社北美分社定址芝加哥，同年抄底买入一栋办公楼和两套员工公寓。总投资约300万元人民币。现在这三套房子的价格都涨了两倍。在对办公室进行为期6个月的装修改造后，2012年9月正式对外营业。北语社北美分社取名叫梧桐出版有限公司，北语社的标志是凤凰，取意梧桐与之关联。

四　北京语言大学出版社北美分社的建设原则及发展策略

1. 北语社北美分社的建设原则

按照发展需要和北美汉语教学需求，北语社北美分社确定了三个建设原则：一是本土化；二是数字化；三是多元化。本土化是指北语社北美分社要在经营方式、管理模式、产品构成、渠道建设、团队建设等方面充分实现本土化。数字化是指北语社北美分社在产品研发和渠道拓展等方面按照北美市场的实际需求和相关标准，实现图书产品的数字化，实现营销和渠道的数字化。多元化发展是指北语社北美分社在发展模式上实现出版与教育培训的协同发展。

（1）本土化选择的解读

在经营模式上，海外分支机构的建设不能简单地复制国内的经营模式，尤其在发达国家，新机构的运营要植根于国别性的企业管理法律、法规和文化范式之下，原有的中国式的管理运营方式将遇到形形色色的冲突和不协调，企业管理者的经营思想、经营逻辑和经营必须进行本土化的转变，才能融入和适应新的环境。在产品生产上，发达国家用于教学的教材往往都有自己特有的教学理念、教学方法、教学大纲和教学标准，国内研发出版的汉语教材往往都是针对来华留学生而设计，与海外国家的设计理念、情景和标准等都有直接的出入，唯有实现图书产品本土化才能被接受。在经营队伍方面，唯有团队中的每一个人都熟悉本土的客户需求、营销方法、工作逻辑，并形成创业的企业文化，这支队伍才能够形成合力，有效地工作。

（2）数字化选择的解读

在美国，图书产品数字化发展得最早，也发展得最为深入，在教育教学领域纸媒与数字的融合发展早已出现成熟的范式，很多州已形成教材的纸媒版与数字版同时采购或只采购数字版教材的趋势。仅有纸媒版的教材已逐渐被阻挡在各地公立学区采购范围之外，至少要有"纸媒教材＋在线作业"和"纸媒＋数媒教材"两种数字化的教材产品才能打开学校和学区的大门。另外，在北美地区，营销方式和渠道建设方面数字化建设也形成了成熟的模式与机制。电子邮件、Facebook、Youtube、Linkedin、远程直播等数字化营销渠道在商业领域的综合性运用较国内都更为成熟和系统。

（3）多元化选择的解读

北语社北美分社在对全美学校直销客户系统开发的基础上，高度关注北美高端的公立、私立教育资源，对国内来说他们都是优质和稀缺的教育资源，北语社北美分社将在此基础之上，策划、设计优质的国际教育培训项目，孵化国际教育公司，实现优秀国际教育项目的落地，这也将为北语社北美分社带来更多更好的商业机遇，推动北语社北美分社的集团化发展。

2. 北语社北美分社的发展策略

每个初创企业都有从零到一的发展过程，面对宏远的发展目标，初创企业容易陷入起步方向迷失和推进步骤混乱的泥潭。必须将现实需求和长远目标按时间象限分阶段理清，通过设定短期、中期和长期目标和任务，分阶段推进和解决，实现创业企业有计划的平稳发展。

北语社北美分社采取了"四步走"发展策略：第一步，用北语社的产品打开北美的市场渠道，完成渠道的本土化。这个阶段北语社北美分社扮演的角色是总社的经销商和直销商，既借助总社的力量扩大分社的影响力，又把总社的产品快速推进美国市场。第二步，抓紧研发针对北美中小学的产品体系，实现产品的本土化，快速占领美国中小学汉语教材市场，努力成为北美市场有影响力的中小学汉语学习产品的出版商。这样做的原因是北美中小学汉语市场发展迅猛，而市场上的竞争者实力不强，为北语社北美分社的快速崛起提供了机遇。第三步，完成本土化大学汉语教材产品线研发，使北语社北美分社成为全学龄段的中文教育出版社。第四步，形成优势明显的出版品牌和国际教育培训品牌，使北语社北美分社成为集出版与教育培训于一体的教育出版集团。

发展策略的"四步走"是北语社北美分社结合北美汉语教材市场的综合情况、竞品市场占有情况及市场黏度情况、北语社教材产品的市场影响情况等做出的进入北美国际市场的节奏和路径选择。

在初到芝加哥，没有自己独立的图书产品，而新产品的研发又需要3-5年的漫长过程的情况下，不能一味地等待新产品才去做市场，这时用原有的产品尽可能地开辟渠道和市场拓展是撬开北美市场的唯一选择，这就是北语社北美分社发展策略中的第一步，这一步在2012年9月至2014年12月完成。在调研和市场拓展的过程中，我们深切体会到大学市场的竞品市场占有比重大、黏度高、替换的难度大。而中小学市场体量较大学市场体量要大4—5倍，市场竞品虽较早占有市场，但竞争力不强、市场黏度不高，因此北语社北美分社优先选择中小学教材及相关产品作为我们的研发重点，快速占领中小学汉语教材市场，这是北语社北美分社的第二步策略，这一步在2014年12月至2017年12月实现。在站稳了中小学市场后，就可以逐步将大学市场按不同层级的学习者划分出不同的社群，并在此基础上研制应对不同社群的个性化产品，从而分解和蚕食大学竞品市场。这是发展战略的第三步，正在实施阶段。第四步则是在占有北美教学资源的基础上，从汉语出版进入国际教育培训，2017年北语社北美分社成立了梧桐国际教育中心，专门做中美间的教育培训项目，目前已形成稳定的教育培训品牌，并将逐步发挥它独特的地位和作用。

3. 创新出版和发行模式

北语社北美分社利用中美两个市场的时空差异设计出"联合出版"和"联合发行"两个新的模式，在吸引作者和服务客户方面形成了绝对的竞争优势。"联合出版"是指北语社和北语社北美分社共同出版的模式。出版的图书有中美双重书号、双重定价，作者可以拿到中美两个市场的销售版税，图书同时进入中美两个市场进行销售，其图书的影响力和作者的待遇都明显提升。"联合发行"是指北语社北美分社和北语社协作的发行模式。对于北美的终端用户，他们常常会将各出版社、各类图书的采购清单统一交给分社帮助采购，为方便客户，分社与总社之间形成"分社获单，分社收费，总社采购，总社发货"的发行模式。这种跨国的发行模式使总社与分社的盈利能力都得到了提升，也使分社与北美其他出版商相比具有了明显的产品价格优势和产品品种优势。

联合出版和联合发行模式的设计使北语社北美分社较北美其他出版公司具有了绝对的竞争优势，使更多优秀选题和采购订单都倾向了北美分社。

五 北京语言大学出版社北美分社的建设经验对其他出版企业"走出去"的相关启示

1. 全面了解目标国的政治、宗教和文化环境，形成针对性的企业应对策略

海外出版经营的外部环境，如法律环境、人文环境、社会环境等与国内有很大差别，要按当地法律环境制定新企业规则，开展经营活动。要主动地调整惯有的思维方式和工作方式，明确在政治、宗教和文化领域可能发生冲突的要素和冲突的形式，在公司体制、机制设计时对冲突提前加以规避。在具体的操作中，最好以经营理念本土化、组织机构本土化、工作团队本土化和管理机制本土化为脉络，系统地规避冲突的发生。

2. 要明确"走出去"的目标，目标不同，企业"走出去"设计的模式不同

我国出版企业"走出去"工作具有明显的阶段性。总体上来看，现阶段中国传统出版企业"走出去"盈利的空间不大，出版企业"走出去"的动力主要是响应国家号召或进行企业的国际化战略布局，但

也有个别出版企业因为某种荣誉指标或眼前利益，为了"走出去"而"走出去"。目前我们出版企业"走出去"相对成熟和成功的模式有：搭建"走出去"数字化国际平台的五洲传播出版社模式，形成"走出去"选题开发资金可持续来源和海外本土发行的上海新闻出版有限公司模式，独资建设北美分社的北语社模式和进行北美出版业资本并购的江苏凤凰出版集团模式等，前两种模式更侧重社会效益和国家战略，兼顾经济效益；北语社将国家战略、社会效益和经济效益并重；江苏凤凰集团则更侧重经济效益。

3. 要有明确而成规模性的目标客户群体和较为细致的市场规模的论证

推动资本"走出去"，在海外建立出版企业分支机构，这是政府所主导的，也是图书真正实现"走出去"的重要途径。但是出版企业不能采取运动式、跟风式或仅仅为了拿到政府的资金支持而"走出去"，要充分论证自己企业"走出去"的可行性，目标国、目标市场群体在哪里，规模有多大，消费能力有多大，消费习惯是什么等。需对市场群体进行细致的市场切分和市场调研，还需对渠道的分配规则、渠道的覆盖程度和影响能力进行详细的分析，以确定可以预期的市场回报，以此来决定海外分支机构建设的模式和投入资源的数量和形式，确保海外投资策略得当。

4. 研发针对目标国的国别化图书产品线

没有或缺少针对目标国的国别化图书产品线，将使海外分支机构成为费用中心、成本中心，严重拖延海外分支机构的市场开发进程，更会严重影响海外建设团队的创业信心和国内资本、力量投入的信心，这是出版企业"走出去"最忌讳的事情。在启动海外分支机构建设调研时务必对总公司产品目标国使用情况的真实数据信息进行调研，越详实越好，切忌停留在感觉层面。另外最好以国际合作或目标国本土研发的形式，同步启动针对目标国的国别化产品体系研发，有针对性地满足目标国的读者需求和阅读习惯。如果能够做到分支机构对外发布成立和国别化图书产品线同步推出是较为理想的状态。

5. 组建优秀的海外经营团队，选好海外出版企业负责人尤为重要

海外分支机构需要独立在海外运营，出版企业必须授予其独立经营自主权，因此，海外分支机构负责人的好坏关系到出版企业投资决策的成败。海外分支机构负责人既要对事业忠诚，又要懂企业经营管理，还要熟悉目标国语言和法律。团队建设关系到事业的发展，海外分支机构组建本土化的经营团队，最好采取国内派出与当地聘用相结合，以聘用当地人为主的方式。海外分支机构聘用的当地员工没有文化融合的障碍，并具有天然的资源优势和地域优势，可以帮助海外分支机构在新的环境中站稳脚跟，为未来发展奠定基础。

6. 关注海外投资的财务风险，做好财务控制，保证资金安全

第一，出版企业要对海外投资的财务风险进行充分评估论证，建立完善的经费审批与拨付程序。第二，海外分支机构要按照当地法规和出版企业财务管理要求，建立严格、规范的财务管理制度体系。要建立出版企业对海外分支机构的内部管控制度，加强财务监督，如建立网上联通。第三，分支机构的银行账户对出版企业领导及财务部门负责人全面公开，做到每一笔财务的支出和收入均透明可查等。第四，要求海外分支机构聘请当地会计师，每年接受目标国会计师事务所审计检查，并形成年度审计报告。第五，出版企业还要定期对海外分支机构进行实地财务检查和经营情况检查，以保证海外资产安全。例如北语社北美分社建立了规范化的财务管理程序：（1）财务管理按照中美双重标准进行管理，具有高度的规范性和严格性。（2）管理体制条块结合。纵向上，北语社对北美分社财务实行垂直动态管理，北语社财务部门和主管领导对北美分社实时监控。横向上，北语社北美分社内部实行规范的财务审批管理。（3）北语社北美分社财务信息对全体正式员工完全开放，具有高度的透明度。（4）北语社北美分社内部财务管理采用美国最为严谨的SAP专业财务内控软件系统，所有账户向北语社公开，其所有财务数据北语社可实时动态查询与调取。（5）北京语言大学每年选派经营性资产管理委员会成员、北语社董事会成员赴北美分社进行财务检查。（6）每年聘请当地专业中介机构进行审计检查。

　　在资本和企业实体"走出去"方面我们仍处于起步阶段，虽然一些先行企业进行了出版实体和资本"走出去"的尝试，但更多的企业对"走出去"的发展道路、发展模式和可能会遇到的问题仍处于观望和徘徊阶段。北语社创建北美分社的经验，为中国出版资本"走出去"找到了一种可行方案，能够帮助众多出版企业明晰资本为什么要"走出去"、怎样"走出去"、"走出去"过程中可能遇到的问题及其相关对策，对如何站在国家层面制定政策和措施，帮助出版企业资本有效"走出去"等一系列问题提供了借鉴和启示。

第十一章　媒体融合背景下出版企业"走出去"创新

出版"走出去"是中华文化"走出去"的重要组成部分，以习近平同志为核心的党中央高度重视中华文化"走出去"工作。习近平总书记多次发表重要讲话、作出重要论述，提出了许多富有创见的新思想、新观点、新论断。在2018年8月召开的全国宣传思想工作会议上，习近平指出"要推进国际传播能力建设，讲好中国故事、传播好中国声音，向全世界展现真实、立体、全面的中国，提高国家文化软实力和中华文化影响力"。2019年1月25日，中共中央政治局就全媒体时代和媒体融合发展举行第十二次集体学习，习近平又强调指出"我们要把握国际传播领域移动化、社交化、可视化的趋势，在构建对外传播话语体系上下功夫，在乐于接受和易于理解上下功夫，让更多国外受众听得懂、听得进、听得明白，不断提升对外传播效果"。习总书记的重要论述，系统回答了中华文化"走出去"一系列方向性、全局性、战略性重大问题，为我们做好出版"走出去"工作提供了根本遵循，指明了前进方向。为落实习近平总书记讲话精神，进一步加强和改进中华文化"走出去"工作，中宣部明确提出，要加强顶层设计和统筹协调，创新内容形式和体制机制，拓展渠道平台，创新方法手段，增强中华文化亲和力、感染力、吸引力、竞争力。

经过十几年的不懈努力，中国出版"走出去"取得了长足进步和显著成效，但还存在着很多不足，面临着许多问题：从宏观层面看，对国际社会文化生态和文化传播规律的了解和把握不够，缺乏能够引领世界文化潮流的优秀作品，难以进入外国主流社会营销渠道，我国出版的国际影响力还不强；从中观层面看，我国出版企业缺乏跨文化经营管理能力，国际竞争力不强，难以实现"双效益"；从微观层面看，我国出版企业缺少对目标受众的研究，选题和市场定位不够精准，国际营销渠道不够畅通，"走出去"出版物销量有限，品牌产品较少。由此看出，我们离真正融入主流国际出版市场仍然有较大距离，中国出版"走出去"到了一个瓶颈期，亟须从简单的规模增长转向提质增效上来。

互联网和数字技术的迅猛发展，改变了人们的生活，也改变了出版的业态。数字技术在内容的表现形式、生产方式和传播方式等方面对出版业产生了巨大影响，推动出版业发生了革命性改变，多种媒体相互融合的出版业态正在形成。在媒体融合的背景下，我国出版企业"走出去"也面临着新的机遇和挑战，需要通过出版创新来实现新的突破。本章结合"走出去"理论与实践，从提高出版企业"走出去"效益出发，探讨媒体融合背景下出版企业在发展思路、产品内容、产品形式、营销方式与营销渠道、管理机制等方面的"走出去"创新策略，以期为出版企业破解"走出去"难题提供实践参考。

一 出版观念创新

出版企业"走出去"，观念是首要的决定因素。出版企业要真正融入国际市场，仅靠政府推动是不够的，出版企业应强化开拓创新的出版观念和国际化、数字化出版理念以及国际市场意识、国际竞争意识、国际合作意识，打破惯性思维、路径依赖，自觉地行动起来，真抓实干、创新求进，形成国际化经营和推动出版"走出去"的内在动力。出版企业应在主动服务国家文化"走出去"战略中谋求自身发展，立足自身优势和业务专长，拓展国际视野，努力运筹好国际国内两个大局、两个市场和各方资源，打造多种媒体融合的、符合国际市场需求的出版物，创建有效的立体化营销渠道，构建全方位、多渠道、广覆盖、可持续的出版"走出去"格局，着力提升图书产品的国际传播能力，让世界真正在"读"懂中国中感知真实、立体、全面的中国。

二 发展思路创新

"走出去"创新对出版企业整体创新体系起着导向的作用，出版创新推动"走出去"，"走出去"驱动出版创新。随着大数据、云计算、物联网、人工智能、5G 等技术不断发展，出版企业"走出去"创新迎来了难得的机遇。出版企业只有从出版创新理念上认识到"走出去"创新的必要性，才能有效地推动出版"走出去"，并实现从"走出去"到"走进去"的转变。

第一，出版企业要根据自身的出版特色和资源优势，将出版国际化纳入企业总体发展战略，科学制定符合实际的出版"走出去"规划。尊重国际出版市场规律，以提高图书产品海外营销的针对性和实效性为目标，进行企业"走出去"海外战略布局、本土化产品开发和营销渠道建设。尊重国外不同层次、不同群体受众的文化差异，以价值认同、融合发展为目标，开发多种媒体融合的图书产品，满足国外读者的不同需求，促进双向的、互动式的跨文化交流，让国外读者对中国的了解更生动、更直观、更真实。

第二，出版企业应顺应媒体融合发展趋势，将数字出版纳入国际化发展战略，构建"走出去"立体化发展思路。要深耕自身优势内容资源，进行基于大数据的信息库资源建设，利用强大的数据整合分析能力，促成数字内容融合共生，将创意、体验与内容生产相结合，创建全媒体融合"走出去"产品矩阵，改变为客户创造价值的方式，满足用户多元化、多层次、细分化、多场景化的需求，提高出版企业的服务能力。要充分利用5G在信息共享效率和传递能力上对出版选题策划、生产传播、消费等各个环节所带来的变革，以企业媒体融合战略、出版物媒体形式、线上线下营销模式及资源服务等的创新，带动出版企业转型升级，推动"走出去"创新。欧美国家的数字出版技术、盈利模式和渠道发展都很成熟，出版企业要注重与别国的内容提供商、技术商、第三方平台进行广泛深入的合作，对出版产品的适应性、语言的本土化、内容资源的整合、主流传播渠道的开拓等方面进行本土化改造。要积极研究不同国家和地区数字阅读的特点和主流的数字传播渠道，对市场进行细分，制定相应的数字传播策略。

第三，出版企业要创新"走出去"理念，从简单的规模增长转向更高的质量效果上来，从传统出版产品向媒体融合出版产品品牌塑造上转变，以先进的数字技术为支撑，以内容为根本，突出重点做精品，打造一批具有国际知名度的多种媒体形式的品牌产品，提升企业的国际竞争力。出版企业还要注重本土化运作、差异化推进，优化出版"走出去"布局，因事而谋、因国施策，围绕重点国家和地区，突出重点领域和内容，采取多种方式与海外主流出版机构建立合作关系，把原创内容与国外出版机构的优势、当地市场需求有机结合起来，加大高质量新媒体出版物的有效供给力度，在国际出版领域抢占先机，赢得主动。

三 产品内容创新

媒体融合时代，数字化创新并非全部，深耕内容才是提升价值的关键，精品内容永远是保证出版企业竞争力的根本。出版企业要认真研究国外主流市场的需求，尤其是大众阅读市场对来自中国的出版物的需求，从内容定位、读者对象定位、语言转换、媒体形式等角度进行策划研发，打造符合国外受众需求和消费习惯的品牌产品。

1. 讲述中国故事从"高谈阔论"向"娓娓道来"转变

中国有五千年的灿烂历史和文化，改革开放40年来，中国更是取得了巨大成就，这些自然是我们对外宣传的重点，但采用不同的表述方式则会产生不同的效果。以高谈阔论式的表达方式，一味强调中国发展得多快多好，过于彰显中国的强大，往往不容易为外国人所接受。英国导演柯文思（Malcolm Clarke）从事纪录片创作40多年，两度获得奥斯卡最佳纪录片奖，坐拥16座艾美奖。近几年，柯文思先后推出了《善良的天使》《盲行者》等中国题材的纪录片。柯文思认为，面对西方人，中国人得主动发声，积极向世界展示中国，通过动人心弦的人物故事，来引起世界受众的情感共鸣。柯文思说："我看到的很多中国片子，都存在某种程度的说教意味，这种作品很难打动人心。应关注人性，要多讲人物故事，少讲技术发展成就，如果你能做到这一点，你所传达的信息，将影响深远，为更多人所接受。"[①]

事实上见微知著式的叙述往往更能深入人心。我们要打破原有的思维模式，创新选题，将可读性和感染力放在首位，把故事讲得生动形象，使读者易于接受，吸引外国人关注当代中国的发展进程、中国人的生活变化，从而形成稳定的受众群。美国人彼得·海斯勒（Peter Hessler）的中国纪实作品《江城》《甲骨文》在欧美获得重要大奖，引起极大轰动，然而这并非因为其思想文化有多么深刻，而是在于他能发现中国的细节，能够体味日常中国里平淡而激动人心的生活。

我们的出版产品要基于国际化和全球视野。所谓国际化，就是要

---

① 《英国导演：中国人为啥讲不好中国故事？》，《北京周报》2019年第29期。

用比较的眼光看中国、看他国，而不是以中国为参照看世界；所谓全球视野，就是在分析中国问题和讲中国故事时，要有全球背景，以全球为立足点。欧洲汉学家、比利时根特大学东南亚语言文化系教授巴德胜（Bart Dessein）熟知中国与欧洲国家的历史发展脉络，他认为，在全球化的背景下，中国与世界其他国家的互动会越来越多，对彼此的影响也会越来越大，在这个过程中，僵硬地、死板地固守自己的文化是不可能的，每个国家都应该尊重别的国家的历史、文化、特点，坦诚地接受影响，这是人类共同和平发展的唯一可能性。因此，我们要了解外国的文化背景，了解外国读者的思维习惯和表达方式，以满足国外读者的需求为出发点策划图书选题。应深入挖掘中国丰厚的文化资源，以国际视角选取对中国议题的阐释角度和研究的主要内容，切中国际社会对中国议题的关注点，探讨中国话题的世界意义，既展现中国的独特之处，又体现与世界的交融互鉴，将中国故事融入世界叙事，引发外国读者共鸣。要善于用微观视角展现宏大叙事，用生动故事诠释深刻主题，让读者从具体话题中主动得出正确结论。

此外，我们可以以人类共同关注的问题为切入点策划选题，比如生态平衡、环境保护、沙漠治理、扶贫、城镇化建设等，可以以多种生动明了的媒体形式讲述故事，让外国人感知中国，理解中国。只有对不同国家、不同民族及其文化有充分的理解、尊重和认同，才能产生同命共运，形成凝聚力和向心力。就像柯文思说的那样："当世界意识到我们之间'同'大于'异'时，那些对于中国的恐惧和怀疑，将会变为尊重和敬佩。"[①]

2. 从传统文化普及类图书向体现时代主题出版物转变

我国传统文化类图书，如经典史籍、古典名著、中国武术、中国

---

① 《英国导演：中国人为啥讲不好中国故事？》，《北京周报》2019年第29期。

风俗、中国书法、中国饮食、中医、旅游、民间工艺等，一直是"走出去"图书的重点。如今此类图书数量已经很多，而且出现了雷同、重复等现象。因此，"走出去"的重点应根据海外市场的实际需求进行调整，向体现时代主题的图书转变，把反映当代中国发展进步的文化成果和文艺精品推向世界，推动更多反映当代中国文化题材的图书"走出去"，积极介绍当代中国文化的创新发展，加强对传统经典的当代解读，充分展示中华文化的独特魅力，帮助海外读者从文化层面理解新时代的中国和中国人。让外国人了解当今中国的发展，了解中国人的思想、生活习惯和思维方式，改变西方人对我们的误解。

随着移动互联及智能技术的不断更新，消费群体日趋年轻化，青少年喜欢网络、数字化产品，电子书和有声书让不喜欢读书的人愿意"读书"。从国际图书市场来看，儿童与青少年图书市场增长迅速，儿童与青少年图书产品也是最容易开展版权贸易的类型。根据中国新闻出版研究院发布的数据，2018年我国与"一带一路"相关国家签署了380余项少儿图书版权引进协议，签订此类图书的版权输出协议超过1600项。媒体融合时代，出版企业"走出去"应高度关注儿童及青少年市场，他们更信赖自己钟爱的品牌和出版物，对支持品牌的热情和忠诚度更高。

3. 将中华文化有机融入国际汉语教材

语言教育是打破人们交流障碍的手段，人们越来越认识到本国文化"走出去"以语言学习为切入点最易被外国人理解和接受，能够促进文化理解与认同，进而实现文化互通与交融。世界主要发达国家始终致力于通过各自的语言推广实现文化出口和价值观的输出。美国政府一直对对外英语的推广持积极的态度，它的对外英语教育主要通过文化外交政策，包括援助教育、建立海外学校、交换留学生等措施进行。英国的语言教育及文化推广主要依靠英国文化委员会，在宏观上重视与其他英语母语国家的语言推广战略合作，在微观上采用灵活多样的方式进行语言与文化相结合的推广，从而提升文化外交亲和力以塑造国际形象。德国歌德学院是德国语言与文化传播的代表机构，通过德语教学与传播，使德国的对外文化政策从最初的文化掠夺和自说自话的单向宣传发展到建立推动国家间的信任及实现国家文明间的互鉴。日本在第二次世界大战后提出了建设"文化产业大国"的战略方案，将文化培育成国家经济的支柱产业，其方式之一也是通过语言的普及。

随着中国经济的高速发展，世界越来越多的人选择学习汉语，目前全球通过各种方式学习汉语的学习者已超过1亿人。以汉语国际教育和国际汉语教材为载体，巧妙融入中华文化内容，通过汉语教材的输出进行国际传播，能够达到"润物细无声"地传播中华文化的目的与效果，被认为是中华文化"走出去"的成功范例和有效方式。媒体融合时代出版企业在国际汉语教材编写研发中应注重以下几点。

（1）基于创新性的跨文化传播理论，对中华文化分层面进行具象化提炼，对中华文化"基因"进行细致的、微观层面的、体现跨文化差异与融合的解析和阐释，构建元素化的中华文化传播内容体系。加速中华文化传播内容的数字化改造，完成基于大数据的海外国民教育体系数字汉语教学资源平台建设。

（2）建设面向世界的适合全年龄段的、覆盖大中小学的完整教育体系的汉语教材体系，建设覆盖从儿童到青少年、成人的全民化的汉语读物体系，并以全媒体呈现形式，以满足不同年龄段、不同程度、不同地区、不同认知特点、不同阅读习惯的用户的个性化需求。形成一批具有明显中国传统文化特质、符合当代中国精神、易于被海外普通民众接受的原创性、本土化国际汉语教材品牌。

（3）基于传统媒体与数字媒体交融的时代，围绕传播中国文化和立体化汉语教学，综合考虑教学对象、媒体表现形式、解决问题的角度等不同层面的要求，由单一纸质汉语教材，向以纸质教材为基础、以多种媒体教学资源和多种教学服务为内容的结构性配套的教学出版物的集合的转变，综合运用各种媒体并发挥其各自优势，形成媒体间的互动，从而为汉语教学提供切实可行的整体解决方案。

四　构建基于大数据的分众化、互动式、体验式数字资源服务平台，探索媒体融合出版"走出去"创新路径

国际著名出版公司都十分注重数字出版和数字化资源平台建设，如培生收购了软件技术公司；麦克劳·希尔制定了数字化解决方案，开展了在线图书馆的升级改造，研发了近 200 种移动产品；从 2007 年到 2012 年，兰登书屋、哈珀·柯林斯的数字出版收入占总销售收入的比重大幅提升，由不到 1% 分别快速增长到 20%、25%，麦克劳·希尔更是由不到 10% 迅猛增长到 34%。我国出版企业应借鉴国际先进技术经验，加快核心技术研发和出版模式创新，加强数字出版、数字图书馆和网上书店等数字平台建设，同时借助国际主流电子商务平台，推动数字产品直接面向国外读者，实现线上"走出去"。

（1）数字化内容资源是出版企业开发数字化产品和进行品牌延伸的重要前提，也是实现向用户提供资源服务的重要基础。数字资源服务平台建设应以中华文化国际传播为目标，以科技创新为支撑，通过各种"走出去"数字资源的有效整合，实现信息内容、技术应用、平台终端、管理手段共融互通，打造一套基于大数据、云平台和移动互联网环境的数字出版与传播技术的在线阅读的解决方案，为海外不同语言文化背景的机构、团体、个人用户提供多元化、数字化、个性化的在线阅读云服务。有利于出版企业加强数字产品对外出口，形成新的网络经济增长点，打造"走出去"特色领域，借助出版资源的数字化转型推动出版企业"走出去"创新。

（2）通过建设数字内容资源平台，能够有效实现即时在线资源传

输、在线阅读、个性化资源定制等,能够满足海外分散市场的分散用户获取优质资源的迫切需求。出版企业可以通过提升资源整合能力,进行"走出去"产品创新开发,为优质内容构建更加多样化的消费场景,提供更加多样化的服务,提升出版企业"走出去"融合发展能力,促进出版企业转型和"走出去"模式创新。例如,中国出版集团的"易阅通"数字内容投送和服务平台自开通以来,其数字产品已经可以直接送达全球25000家公共图书馆,以及中国国内的主要图书馆和研究机构。

(3)通过数字内容资源服务平台建设,带动出版产业升级,突破传统出版以纸质图书产品为主的产业模式,探索出版企业由内容提供商向信息服务商、知识服务商转变的可行路径,整合出版行业的上下游资源,进一步优化产业结构、产品结构,打破出版业的传统界限,促进跨行业的新业态发展。推动更多中国图书进入国际主流数字营销平台,实现"数字化"落地。

五 "走出去"产品形式创新

随着移动互联网、智能物联网、云计算等先进技术取得不同程度突破,图书的移动性、交互性等特征快速增强,数字阅读大范围普及,大众的阅读方法和习惯也都做出了改变,多种功能的出版物也不断呈现。现如今,人们已经养成了通过移动设备进行阅读的习惯。在媒体融合时代,出版企业要主动引进国际先进出版技术、最新出版理念和新型出版模式,推动"走出去"产品形式创新;要运用好大数据平台,注重编辑选题立项决策的数据支持,创新信息处理方式;要加大数字出版的研发运用,推动出版业融合发展和创新。

1. 由传统纸质图书向多种媒体融合产品转变

长期以来,我国出版企业"走出去"产品主要以传统纸质图书为主,但随着互联网技术和卫星通信技术等新媒体的发展,出版企业正在由传统出版向数字出版转型,并逐步进入深度融合。数字出版内容的丰富和形式的多样,激发了用户场景分类的个性化需求。近年来,许多国家民众的消费习惯已转向数字产品,以电子书、有声书等为主的新媒体方式渐成主流。图书"走出去"已经走出了单一纸质图书的边界,"走出去"产品形式应随之而创新。美国亚马逊网站上几乎每本书都以多种形式在销售,2009—2013年美国电子书销售增长了8倍,2014—2017年则下降了36.7%。另外,有声书实现了井喷式增长,成为数字化市场中成长最快的业务板块。根据美国出版商协会(AAP)报告,2018年美国有声书订阅量同比增长36%,销售额达到32亿美元,比2017年提高23%。《福布斯》杂志认为,在人群大体稳定的前提下,每位听书者收听有声书的数量一直在增加,原因在于技术进步改变了人们的收听习惯。[1] 有声书也是2019年伦敦书展的明星产品,备受追捧。而随着5G时代的来临,不仅会使社会主要交流手段从书写文字转为视频语言,也将改变世界的游戏规则、构造方式。[2] 出版企业"走出去"要顺应国际出版的潮流,迎合用户的个性化需求,调整出版结构,促进融合出版,丰富"走出去"产品形式,形成纸质书、电子书、移动视频和有声书等相融合的产品形式。

2. 针对品牌图书进行数字化深度开发

随着科技的发展,阅读方式的变革,数字出版如雨后春笋般快速成长。出版企业应不断探索、创新,通过多种渠道开发外国数字市场,根据网络阅读习惯策划开发新形态的出版产品。出版企业可以根据自身产

---

[1] 李钊平、任彦宾:《美国的媒介融合与出版创新》,《中国出版》2019年第9期。
[2] 喻国明:《5G:一项深刻改变传播与社会的革命性技术》,《新闻战线》2019年第15期。

品特点和资源优势，进行资源整合创新，将已形成品牌的"走出去"图书有针对性地开发成多种数字产品形式，从产品品种和载体形式做细做全，实现品牌资源在更广阔的空间得到持续开发和利用。既为用户提供持续有价值、更具亲和力的服务，又能扩大品牌的影响力，形成传统出版和数字出版相互促进的格局。例如，北京语言大学出版社在加强"走出去"新产品研发的同时，十分注重老品牌的维护与强化，一方面，对被广泛使用的品牌教材进行修订，巩固发展已有的品牌优势；另一方面，进行品牌资源的深度开发，以品牌教材的数字化开发为重点，完成国际汉语教材品牌的数字化开发和配套辅助教学资源开发，如教学课件、电子教案、音像产品（DVD）、电子书、网络课程等，实现品牌资源的高效利用。在品牌深度开发上，迪士尼的经验更值得我们借鉴。迪士尼一方面出版了《狮子王》《阿拉丁》《迪士尼历险》等经典童话；另一方面通过多元权利开发，打造了以迪士尼品牌为核心，以影视娱乐、媒体网络、主题公园为延伸的国际文化产业链。

六 营销方式与营销模式创新

营销创新是指企业根据不同的市场环境状况而采取相应的市场营销策略的过程。企业的生存与发展在很大程度上取决于其对经营环境的应变能力，以及持续提升的营销创新能力。营销渠道建设是出版企业"走出去"的重要环节，媒体融合发展带来了出版产品形式的多样化，产品的国际营销方式和营销渠道也应相应改变。出版企业要探索媒介融合背景下的营销模式和促进机制，根据数字产品的特点，重新进行国际营销布局，调整营销方式，创新营销渠道，实现实体营销渠道与新媒体营销渠道互融互通互促，以满足"走出去"的要求。

1. 从传统营销方式向网络互动交流式营销转变

随着媒体融合出版的发展，个性化消费和消费体验已成为新的发展趋势，并成为品牌经营的重要内容。新媒体提供给读者的是完全不同于传统媒体的全新体验与服务，出版企业应从传统的产品营销向服务与体验相结合的营销方式转变，着力于塑造个性化产品，重视客户的体验与感受，注重编辑、营销人员与读者的互动，以主动、细致、个性化的服务赢得读者。出版企业要把网络作为数字化产品国际传播的有效渠道，积极运用新技术搭建数字内容资源跨境投送平台，扩大市场覆盖面，还可以与国外电视、网络媒体等具有强大用户群体的社交平台合作，让社交媒体和数字化平台成为创造性资产，为出版企业"走出去"提供一个满足大范围文化信息传播的全新解决方案，通过国际社会大众传播、分众传播等有效传播方式为出版"走出去"提质增效。

2. 从传统营销向网络营销转变

随着媒体融合产品的增多，出版企业在优化传统营销渠道和物流供应链的同时，应积极推动跨境网络销售平台建设。通过建立覆盖全球的网上电子商务系统，支持信用卡在线支付，既可以快速完成图书产品网上订购，又可以完成网上付费下载，突破民族、地域和国别的限制，将产品销售到传统销售难以进入的领域，填补海外销售市场的空白，使产品的覆盖面更广，影响力更大。

3. 从跨国营销向本土化营销转变

跨国公司本土化的过程，就是企业营销创新的过程。从产品本土化、销售渠道本土化，到促销本土化等都是企业营销策略创新的表现。要使中国图书进入国外主流社会，就需要进入国外的主流图书营销体系。中国出版实现从"走出去"到"走进去"，单靠版权输出和海外代理经销是不够的，出版企业需要资本"走出去"，在海外建立起自己的出版机构，开展本土化经营，根据当地市场特点设计适合本地的渠道模式，创建自己的本土化营销渠道，并随着环境的变化不断改进和完善。同时，有效整合出版企业资源和目标国当地资源，逐步建立起本土化的数字资源与服务平台，实现与用户网上互通互动和服务的迅捷化，形成包括活动营销、内容营销、网络营销和数字化资源平台营销在内的本土化营销体系，进而实现营销本土化。

另外，为了规避经济、文化、地理等方面的差异，使图书产品进入当地主流社会营销渠道，出版企业可以与"走出去"目标国的出版商和图书销售公司合作，利用其本土化渠道和网络拓展市场，通过其成熟的国际网络销售平台，优化资源配置，实现网络渠道营销。近年来，电商巨头亚马逊在线上图书销售方面占据垄断地位，仅2017年上半年亚马逊图书销售额便高达30亿美元，同比增长46%；电子书销售额达到7.5亿美元，同比增长6%。2017年亚马逊占据美国图书销售的半壁江山，每卖出两本书中就有一本来自亚马逊网站。[①]

七 管理机制创新

从传统出版向数字出版转型的过程中，出版企业明显遇到了两个挑战：一是缺乏既熟悉编辑业务，又熟悉数字技术，同时还要善于运用互联网等网络媒体进行营销和服务的复合型人才，而"走出去"创新型人才还需要有国际化视野和国际交往能力。虽然各出版企业都在着力培养，但这种复合型人才在中国出版业是紧缺且难以在短时间内培养出来的。二是传统的以编辑部门为核心的直线型职能性组织结构的不足。传统的直线型组织结构所存在的问题是：高度集权，下级缺

---

① 范军、张晴：《国际出版业发展的新动向与新变化》，《人民网》（网页版），http://m.people.cn/n4/2019/0617/c3351-12834934.html，2019年6月17日。

乏能动性；编辑各自为政，封闭自守；各职能部门之间少有横向联系，易产生脱节和矛盾；信息传递路线长，反馈慢，很难快速适应市场的变化需求。针对这两种情况，出版企业要成功实现转型，必须进行管理机制创新，解决专业数字出版队伍短缺和垂直管理模式带来的问题，以适应新形势的挑战。管理创新是企业创新的中心，也是保持和增强企业核心竞争力的必备条件，企业只有不断地进行创新，促进机制完善、管理水平提高，才能使得企业在竞争中立于不败之地。笔者从出版经营管理实践得到的体会是，采取项目管理是实施新媒体出版，开发"走出去"产品的行之有效的管理模式。

1. 新媒体出版项目管理模式创新

新媒体出版需要编辑、技术、营销等人员共同协作才能完成，出版企业现有的管理机制已不能适应新媒体出版的要求，需要从部门分块化直线管理向项目管理转变。新媒体出版项目管理是指在新媒体出版过程中，综合运用编辑、技术、营销等人力资源，采用规范、系统的项目管理的理论与方法，在规定的时间、成本、质量约束范围之内，完成一定的出版目标。与传统的管理方法相比较而言，项目管理法在新媒体出版中的应用，不仅可以在运营、考核及激励机制等方面创新管理架构，有效实现资源的优化整合，而且可以科学合理地分配任务，使项目所涉及的所有工作取得最佳的管理效果，还能有效地提高工作效率，大大地降低所需要的时间成本，节省更多的人力物力。与此同时，也能够提高出版的质量。美国商业作家与咨询师汤姆·彼得斯认为，项目管理的全部科学和技巧将成为管理培训、卓越运作和增值的基本要素。

2. 新媒体出版项目运营方式创新

项目管理需要调动团队成员的积极性、制订项目计划、组建项目团队、对项目的实施进行控制，并进行有效的沟通来实现项目目标。按照 PDCA 管理，任何一个完整的项目都要经历计划（Plan）、实施（Do）、检查（Check）、处理（Action）四个阶段，新媒体出版"走出去"项目运行流程为：（1）在对国内外市场充分调研和论证的基础上，制定项目实施方案，包括运营计划、分工、预算、营销推广计划等。（2）根据项目需要跨部门组建项目团队，启动实施项目，包括拨付启动经费、资料与制作审核、进度与过程控制等。（3）建立项目档案，包括项目方案、成本核算、出版时间与印数、年度销售情况，为项目跟踪、项目考核和项目延伸积累可靠数据。（4）项目管理既要采取目标管理，也要注重过程管理，项目团队建立定期沟通机制，解决项目实施过程中的阶段性问题。（5）在项目即将完成之时即开展前期营销，为产品出版后快速进入市场、取得好的销售业绩进行预热，之后根据产品特点开展有针对性的营销。（6）项目完成后，根据市场信息反馈进行修订完善，同时在原项目的基础上，进行深度开发或延伸开发。（7）项目考核与验收实行阶段考核、中期考核、结项考核，根据考核结果进行项目绩效奖励。新媒体出版引入项目管理，是再造出版流程、提升出版管理水平和出版物质量的重要途径。分工明确的项目管理的实施，减少了重复多余的环节，能极大地提高出版效率，使出版流程更加规范。

3.新媒体出版项目团队建设创新

有效的项目团队是项目成功的关键。组建合理的项目团队，充分发挥每个环节的人力资源优势是新媒体出版实行项目管理的关键所在。"走出去"新媒体出版项目团队由文字编辑、美术编辑、数字技术编辑、营销人员、版权贸易人员等组成，统一策划，分工协作。有海外分支机构的出版企业要将海外分支机构人员纳入项目组，他们最了解海外市场情况和客户需求，参与策划有利于后期营销推广。项目团队内部的深度沟通交流是打造精品的重要因素，项目运行过程中，项目团队成员要及时沟通，及时发现问题、解决问题，做到每个项目成员心中有数，不同岗位的人员向着同一个目标共同努力。项目统筹与管理十分重要，项目负责人既要熟悉业务又要具有很好的协调能力和管理能力，尤其是与外方合作的项目，与合作方沟通协调得好坏，关系到项目的成败。对于初期或重点项目，最好由高层管理者担任项目负责人，这有利于项目统一组织协调、顺畅运营。实行项目管理，也会促使人才培养模式发生转变，项目成员参与项目的全过程，其选题策划能力、组织协调能力、对外交往能力、编辑能力和营销推广能力会得到全面提高，将逐渐成长为业务水平高、具有国际视野的创新型、复合型编辑出版人才。

4. 新媒体出版项目考核创新

在新媒体出版"走出去"项目实施过程中，建立出版企业大局下部门间互利共荣的项目管理机制很必要，激励机制与约束机制要贯穿项目的全过程。合理的项目绩效考核是做好项目开发的关键，出版企业要完善项目考核评价体系，明确项目参与部门和项目团队成员的利益分配关系，使之形成利益共同体，激发成员的积极性和创造性，从而推动项目的完善和事业的发展。

在国家提出以科技带动文化产业转型升级和大力推动中华文化走向世界的战略背景下，出版业应顺应数字化出版潮流，通过科技带动、平台支撑，加快向以数字化内容、数字化生产和数字化传输为主要特征的战略性新型出版产业转变。通过推动传统媒体与新兴媒体的融合发展，寻求科技与文化融合的现实突破点，提升出版企业"走出去"的科技含量和国际竞争力，促进出版企业"走出去"在产品内容、产品形式、营销渠道、管理机制上创新，推动中华文化走进外国主流社会。

第十二章 汉语教学数字资源服务平台建设与"走出去"

一 汉语教学数字资源服务平台建设基础

2006年,根据海外市场分散、教学资源产品难以送达终端用户的现状,以及国家文化"走出去"的战略需要,北京语言出版社(以下简称"北语社")规划了对外汉语数字资源建设发展战略,强调以市场为导向、以技术革新为契机、以队伍建设为根本、以科学管理为保证,积极探索产学研用相结合的经营管理模式,将高新技术贯穿于内容生产、过程管理、渠道传输等产业链的各个环节,进一步解放和发展出版生产力,切实提高数字出版发展的质量和水平,扩大发展规模和效益。同年实施并完成北语社官方网站(后期升级改造为网上书城)的全产品上线,2008年启动了"网络出版工程",2011年实现了"汉语教学与文化资源中心"上线试运行。北语社门户网站和网络出版的建设是本项目建设的基础。具体情况如下。

1. 门户网站及电子商务平台

北语社门户网站不仅对北语社产品进行全面的网上宣传和推广,

还实现了产品复合分类、检索、在线预览和在线发布。通过电子商务平台的建立和全球物流配送功能，实现了网上资源在全世界的在线销售，北语社的产品辐射全球 72 个国家和地区，突破传统销售难以进入的领域，填补了海外销售市场的空白，连续 5 年蝉联中国出版行业网站销售额排名第一。"汉语教学数字资源服务平台"搭建完成后已改造为网上书城。

2. 网络出版工程

2008 年 6 月，北语社成立网络出版与营销中心，启动了"网络出版工程"，全面实施网络出版与网络营销。2008 年 10 月，北语社《学汉语》杂志网络版正式出版，成为第一个实现网络出版的中国大学出版社。2010 年，基于 FlipViewer 开发的网络电子书（E-Book）也相继面世，如《想说就说》《中文小书架》等。北语社网络出版的实践为数字资源平台建设的数字化加工与呈现方式积累了宝贵而丰富的资源。

3. 汉语教学与文化资源中心

2011 年 6 月，北语社启动了"汉语教学与文化资源中心"项目一期建设工程，开展互联网出版，实现传统纸质资源和数字资源的联动、互补发展。经过近半年的项目设计、软件开发及系统部署，资源中心第一期建设工程已于 2011 年 11 月上线运行。用户可通过访问出版社网站（www.blcup.com）的"资源中心"二级栏目，或独立的域名（resources.blcup.net）访问资源中心网站。

"汉语教学与文化资源中心"巩固和推进了北语社在纸质图书、音像（CD/DVD）产品、多媒体产品（DVD-ROM/CD-ROM）、软件电子产品、智能信息技术产品、网络学习课件、电子书、网络教学资源领域形成的立体化、多元化、数字化出版格局，内容覆盖汉语教学与学习资源、教师培训资源等。

以上三个项目的组织实施，为数字资源平台后续建设积累了资源、技术、管理模式，使平台具备了后续升级和容纳海量数字资源的实力与基础。

二　汉语教学数字资源服务平台建设内容

1. 总体设计

以科技创新为手段，以数字资源网络平台为载体，以电子商务为支撑，以服务对外汉语教学为目标，制定对外汉语教学数字资源的生产、传播、应用标准规范，汇聚海量多样化的对外汉语教学数字资源，搭建基于云计算架构的对外汉语教学数字资源平台，同时提供资源下载和共享、在线汉语学习和测试、在线版权管理、在线购书等资源服务。

2. 平台建设主要内容

（1）平台架构

① 开发基础数据库。探索并制定"对外汉语教学数字资源元数据定义标准"，并对已有各类对外教学数字资源元数据进行标注、编辑、加工，在此基础上构建对外汉语教学数字资源基础数据库。

② 搭建服务系统。运用数字资源加密、数据多元重组、智能关联与检索、异构终端数据交换、多语种数字资源开发、跨媒体平台版税结算、在线学习、在线测试、在线游戏等关键技术，分步骤构建基于云计算架构的对外汉语教学数字资源服务系统，包括资源集成服务系统、异构终端产品发布系统、资源分级管理系统、版税自动结算系统、版权贸易管理系统、在线学习系统、在线评估与测试、在线问答系统等子系统。

③ 开展资源服务。集成对外汉语教学数字资源，面向全球孔

子学院、对外教学机构、作者、学习者、研究者，提供文化资源、汉语资源、专题资源的示范，同时围绕这些产品开展个性化资源服务。

（2）平台建设流程

平台建设重点工作包括以下几个方面。

① 制定、完善对外汉语教学数字资源元数据标准；

② 对北语社存量对外汉语教学数字资源元数据进行标注、编辑、加工；

③ 建设对外汉语教学数字资源基础数据库；

④ 完成数字资源加密、数据多元重组、在线汉语学习游戏、在线课程学习、在线评估与测试等关键技术的攻关或整合；

⑤ 搭建版权贸易管理系统、电子商务系统、新HSK在线学习系统、在线教学系统、在线汉语学习游戏系统；

⑥ 依托项目关键技术及搭建的资源服务系统，开发相应的应用模块，提供汉语教学资源、汉语课堂、专题资源、资源服务等示范工作；

⑦ 推出中、英文版平台操作界面，使系统与国际主流终端对接。

（3）平台建设重点

① 制定资源服务标准

对外汉语教学数字资源服务标准体系分为四个层次，分别是基础框架标准、数字资源处理标准、数字资源管理标准和数字资源服务标准，各项标准相互独立又相互依存。

② 建设基础数据库

在构建数据库底层阶段，需要建立一套能面向外国人的对外汉语教学数字资源的定义标准，并以此为基石组建数据库。基础数据库既包括通用的汉语学习资源，也包括与教材配套的各类教学支撑资源；既包括在线课程，也包括在线测试与游戏。资源类型涵盖文档、音频、视频、电子书、软件等，这些资源根据出版与否分别纳入素材库和产品库。产品库包括已经出版的纸质书、电子书、电子产品、音像产品等，纸质书也可以分阶段进行数字化，顺应数字时代推广的需要。素材库包括语言教学资源、音视频资源和课件资源等。数字时代，资源为王，海量数据库的建立将是与世界大型出版集团进行谈判对话的资本，也是汉语国际传播的基石。

基础数据库搭建借鉴和遵循 W3C（World Wide Web Consortium：万维网联盟）制定的一系列互联网技术标准规范，如 XML1.0/HTML5.0 等，并吸收汉语国际传播专家以及技术专家，协同研发"对外汉语教学数字资源内容标准"，并将其作为今后的行业标准，进一步整合适合"走出去"的对外汉语教学数字资源，实现数据迅速重组，快速实现资源增量，实现跨平台的推广应用，满足日益多样化的学习需求和消费需求。

③搭建数字资源服务系统

数字资源服务系统是链接基础数据库与应用模块支撑系统，分为关键技术和服务系统两个层面。

对于业界普遍认可的技术，可采取购买版权或授权的方式予以解决，避免重复开发带来的资源浪费。如通过引进并整合业界成熟的数字版权保护技术 DRM（Digital Rights Management），可对在线和离线内容资源提供严格而又灵活的保护方案，有效防止数字出版物被非法盗用或恶意传播。但是，由于本平台受众对象为外国人，其欣赏习惯、语言水平、宗教信仰、地域分布等差异很大，有些关键技术没有现成的系统或软件予以支持，如版税自动结算、版权贸易管理、数据重组等需要进行技术攻关。自动实现数字内容资源的加密保护和自定义重组、碎片化数字资源的版税自动结算等技术攻关目标的实现既可切实保护著作权人权益，同时又可为产品多元化生成和发布提供技术支撑，通过整合网页、超链接、语音、音乐、视频、动画、虚拟现实等丰富的宽带多媒体技术与内容，将受众从复杂的技术动作中解放出来，找回轻松阅读和体验的乐趣，满足视听享受、人机互动及精神文化需求，让科技为中国文化全球传播助力。

④ 开发面向终端用户应用模块

应用模块是整个平台的外化，是直接面向市场和用户的终端节点，分为四大类十六个模块。除了多终端发布与推广、著作权人服务（即碎片资源版税结算）模块之外，其他应用模块都将在服务系统搭建过程中同步设计和开发，并对相应资源展开服务示范。

汉语教学资源示范模块

■ **教材资源专区**

教材资源模块以"为学习和教学提供资源支撑"为指导思想，运用现代科技，通过文字、图片、视频、PPT等资源提供，为对外汉语教师提供与教材相配套的各类教学资源。

■ **辅助教学资源**

辅助教学资源模块主要提供通用的各类汉语学习和教学资源，包括文本、音频、视频等各种资源类型。

汉语课堂模块

邀请名师针对不同的学习群体在线授课，建设跨终端、多语种的在线汉语学习课堂，提供直播课堂、在线点播学习、离线学习等多种学习模式，支持即时交流系统，实行学习者与教师、学生与学生、课上与课下的有机结合。

专题资源模块

■ **中国文化**

中国文化模块以"欣赏和体验中国文化、增进对中国的了解"为指导思想，运用现代科技，通过文字、图片、视频、动漫、互动游戏等功能设计，让外国人欣赏、体验、感受中国当代文化和优秀的传统文化、艺术、名胜等，体认中国人用以表达意愿、思想和情感的方式或形式，增进对中华民族的民族性、文化内涵的认识。在语言叙述、画面展示、图片选择等方面均照顾到外国人的学习和欣赏习惯，具有亲和力，使不熟悉中国文化和当代中国现状的外国人也能欣赏、了解中国，不会因为文化差异而产生隔膜。在技术实现上，运用现代科技，将艺术欣赏、学习、制作、创作等融为一体，增强体验性和互动性，使外国人能够从多层次多角度进行体验，激发其学习和欣赏兴趣，进而增加中国文化的吸引力和感染力。

■ 汉字文化

汉字是承载文化的重要工具。没有汉字，就没有中国的文明，就没有中国的文化。汉字作为中国文化精髓的一部分，对外国朋友来说既有神秘感又具有吸引力。该模块旨在通过动画、文字、图片等各种形式让外国读者更好地了解汉字和汉字蕴藏的中国文化，从而体会中国人的智慧和人文精神。

■ 商务汉语

商务汉语模块主要服务于从事商务活动的外国终端用户，围绕商务活动开发相应的学习及配套的数字资源，注重专业性、针对性、实用性、实践性，创新编创理念，为商务人士及商务汉语专业的留学生提供内容丰富、形式多样、种类齐全的数字资源。

■ 新 HSK

新 HSK 模块以新 HSK 考试为切入点，以国家汉办颁布的新 HSK 大纲为参考依据，充分考虑汉语国际教学的特点和学习者的实际需求，围绕新 HSK 考试的语言能力要求，集成试题资源、辅助学习资源，通过网络平台提供在线学习、效果评估、模拟测试、个性化定制等服务，面向全球汉语学习者提供个性化的学习方案、系统完善的语言技能训练和学习效果的分级评估测试，有效提升终端用户的汉语能力，为海内外用户在线学习汉语提供高效、便捷、个性化的服务。

资源服务模块

■ 网上书城

网上书城模块在继承当今主流 B2C 网上商城运营与管理经验的基础上，聚合文化资源，进行全面、有序、重点突出的宣传，实现付费订购和付费下载。为此在原电子商务功能的基础上进一步升级开发在线发布、复合分类、检索、国际 Visa/Master Card 信用卡在线支付和多币种实时结算等电子商务功能，并优化已有的全球物流配送服务，以便于国内外读者及机构获得其所需产品，同时也可形成稳定的销售收入来促进项目的健康持久发展。

在运行与推广上，网上书城着力于以下三个方面：一是产品类型以中国文化出版物为核心，全力为中国文化国际传播服务。二是营销推广与服务保障都紧跟中国出版"走出去"的战略需求，支持多语种在线服务，支持跨国家（或地区）、币种、汇率、缴税的在线支付与结算，大力拓展国际销售渠道与覆盖面。三是依托资源平台汇聚、整合的各类资源，分类分层次在平台上全面投放，将数字资源与在线教学服务与图书产品打包组合销售，形成立体化的产品模式。

■ 版权贸易

版权贸易模块为资源传播版权输出提供技术支撑。海外版权贸易覆盖国家和国外出版机构多、版税数据量大、业务周期长，不同于一般意义上网站建设和 ERP 系统升级改造。该模块支持多用户的多层次系统操作授权、版税自动计算和多币种结算、版权引进和输出双向管理等功能。

■ 个性化定制

个性化定制模块基于对外汉语教学数字资源库，利用平台数据重组和生产发布流程，面向全球不同地域、不同文化背景、不同需求的机构和个人用户，根据其个性化需求为之提供数字化对外汉语教学资源产品的定制服务。

三　汉语教学数字资源服务平台建设目标

通过对外汉语教学数字资源服务平台建设，北语社加快了向以数字化内容、数字化生产和数字化传输为主要特征的战略性新型出版产业转变，加快了从主要依赖传统纸介质出版物向多种介质出版产品共存的现代出版产业的转变，进一步优化了产业结构、产品结构，打造了一套基于数字出版与传播技术的对外汉语教学资源传播的解决方案，寻求科技与文化融合的现实突破点，整体提升了出版"走出去"的科技含量和国际竞争力。

第十三章　电子音像出版与"走出去"

众所周知,电子音像出版面临的几大难题,一是经费投入大、风险高;二是优秀专业人才的缺乏;三是设备的更新与维护;四是盗版现象严重。如何破解这些难题,一直困扰着电子音像出版从业者。北京语言大学出版社(以下简称"北语社")于2000年获得音像出版物出版权,2004年获得电子出版物出版权。2004年之前北语社出版的电子音像产品,仅仅是与教材配套的磁带,甚至连CD盘都没有,更谈不上独立策划的电子音像产品。对于一个教育类语言专业出版社来说,电子音像出版既是北语社的薄弱环节,又成为北语社发展的掣肘。针对这种状况,自2006年起北语社致力于独立电子音像产品的研发、出版,经过三年的探索与实践,终于走出了一条符合自身特点的电子音像出版新路,逐步形成了五大电子音像产品线:与教材配套的CD、MP3;独立音像产品(DVD);独立多媒体产品(CD-ROM、DVD-ROM);电子书(E-BOOK);教学软件。截至2009年年底,北语社已累计出版独立音像产品78种,独立多媒体产品159种,汉语教学软件5种,电子书(E-BOOK)100种。2009年,北语社输出电子音像版权71种,电子音像产品海外销售覆盖76个国家和地区。2009年,北语社独立电子音像产品销售码洋为2869万元,销售收入1660万元,销售业绩在全国名列前茅。CCTV4 中国新闻记者报道北语社称："北京语言大学出版社现已形成纸介图书、音像制品和网络多媒体等多种形式的立体化出版格局。"北语社电子音像出版的发展为北语社"走出去"立体化出版营销体系的构建奠定了坚实基础。

一 将电子音像出版纳入"走出去"立体化发展战略体系

汉语是传播中华文化的有效载体，汉语教材在中国图书对外推广中起着先头部队的作用。汉语教材出版是北语社的主要特色，汉语教材的国际推广自然成为北语社发展的重中之重。随着汉语国际推广的进一步深入，单一的纸质教材已不能满足世界汉语教学和学习的需求，多种媒体融合的立体化汉语教材已成为必然发展趋势。在总结以往工作的基础上，围绕国家文化"走出去"大局和自身发展战略，北语社确立了立体化发展构架和发展思路：即以纸质图书出版、电子音像产品出版、数字出版为核心，以传统语言培训和网络培训并行的培训模式为手段，构建国内营销、海外营销、网络营销相结合的立体化营销渠道，实现教材研发、语言培训、网络出版与营销一体化发展。按照这样的立体化发展构架，电子音像出版成为北语社三大出版核心之一，使得电子音像出版的发展思路更加清晰、明确，而这又进一步促进了其他两个出版核心——纸制图书出版和数字出版的发展。

二 电子音像产品开发与出版特色有机结合

专业化、特色化是中小型出版社的发展之路，对于教育音像出版来说，更需要体现教育出版的专业特性，也就是说，在策划电子音像选题时一定要围绕自身的专业优势、渠道优势来进行，要解放思想，创新思路，整合资源，着力满足特定读者的需求，这样就为下一步的营销减轻了压力。

随着世界汉语教学的蓬勃发展，虽然出版的汉语教材越来越多，但电子音像教学产品，尤其是音像产品仍极其缺乏。在对市场需求充分调研分析后，北语社选择以国际汉语教材出版领域为突破口，围绕中国文化和立体化汉语教学，充分利用北语社的专业优势、品牌优势和渠道优势，进行电子音像产品开发。在产品内容上，既重视满足汉语教学需求产品的开发，也重视介绍中国传统与现当代文化产品的开发；在产品种类上，分为三大产品线，一是音像产品（DVD），二是多媒体产品（CD-ROM、DVD-ROM），三是汉语教学软件。

2006年至2009年，北语社投入大量的人力和财力，研发出版了多种大型电子音像产品，如《中国文化百题》《汉字的智慧》《中国的世界遗产》《中国人的故事》《快乐中国—学汉语》《中国电影欣赏》等40多种音像产品（DVD）；《汉语乐园》《汉语会话301句》《新实用汉语课本》等20余种融音频、视频和动画于一身的新型汉语学习多媒体。此外，北语社还开发了《中文助教》《汉语语料检索系统》《汉语普通话语音教学系统》等汉语教学软件。

北语社所开发的这些电子音像产品，无不与国际汉语教学紧密相连，其中有些是用于汉语教学或汉语学习，有些是用于汉语教学中的文化课教学，有些是用于汉语教学中的国情课教学，还有些是用于汉语教学研究和教材编写。在策划时，要充分考虑课堂教学和学习的特点（例如《中国文化百题》每段视频时长仅3分钟），根据使用对象的汉语程度来控制语言难度和外文注释，解说与字幕中外文互换。这些产品的脚本都是由语言学专家来撰写，外文请国外汉学家来翻译，播音则是请中国国际广播电台的中外播音员来录制。正是因为针对性强、符合教学和学习规律，所以这些音像电子产品一经推出，就受到了国内外汉语教师和汉语学习者的热烈欢迎，销售情况良好。电子音像产品突飞猛进的发展，既推动了中国文化的世界传播，也使北语社的生产规模迅速扩大，形成了新的经济增长点，促进了北语社立体化发展战略的实现。

三 采取以合作共赢为基础的多元化合作模式

北语社电子音像出版之所以能够取得成功，合作双赢思想的形成与成熟是重要因素，甚至可以说没有这种思想，北语社就不可能实现电子音像出版的巨大突破。2006年，北语社抛开了自己独立开发电子音像产品的传统思维，形成了"采取强强联合、合作共赢的模式，整合社内外资源，围绕主业和优势进行新的选题策划"的思想。正是由于这种思想的确立，北语社实现了与中央电大音像出版社、中央电视台CCTV-4、国务院新闻办五洲传播中心、深圳金科成科技有限公司、俏佳人音像有限公司等单位的多元化合作。北语社先后与中央电视台合作开发《快乐中国—学汉语》DVD；与国务院新闻办五洲传播中心合作开发《中国文化百题》《汉字的智慧》《中国的世界遗产》《中国的非物质文化遗产》《中国民俗》DVD；与深圳金科成公司合作开发《汉语乐园》多媒体光盘（DVD-ROM），等等。也正是通过与合作伙伴的真诚合作，北语社实现了资源整合，创作出了立体化精品，电子音像出版迅速崛起，并快速走向世界。北语社在"走出去"的同时，也带动了这些合作伙伴一同"走出去"，并且在这个过程中，思路越来越开阔，开发的电子音像产品也越来越成熟。

四 实行项目管理，创建高效团队

北语社在电子音像出版项目开发中，制定了完善的管理制度，创新了内部管理机制，形成了跨部门、跨专业、跨行业合作的项目管理模式。大型电子音像产品开发，一般来说都有周期长（有的项目需要几年的时间)、投入大(有的项目投入过千万元)、人员多(需要十几人或几十人共同开发)等问题,北语社在电子音像产品开发过程中,采用项目管理的方式,根据项目开发需要组建项目团队,有些最多由5个事业部的人员组成。北语社在电子音像产品开发的过程中逐步完善了项目管理流程。

(1)项目开发前对国内外市场做好充分调研,掌握汉语教学和学习的实际需求,找好切入点。

(2)立项前对拟开发的项目选题进行充分的论证,完善项目开发思路和方法。

(3)组建项目团队。项目组可以跨事业部组建,也可跨事业部和营销部门组建。项目负责人的选定十分重要,关系到项目的成败。因此北语社在电子音像项目开发初期,大项目通常由社长亲自担任项目组组长,统一组织协调,这对完善项目制也起到了重要作用。

(4)制定项目实施方案,包括运营计划、分工、预算、营销推广计划等。

(5)建立项目档案,包括项目方案、成本核算、出版时间与印数、年度销售情况,为项目跟踪、项目考核和项目延伸积累可靠数据。

(6)项目启动实施,包括拨付启动经费、资料与制作审核、进度与过程控制等。

(7)项目考核与验收,实行阶段考核、中期考核和结项考核。

(8)项目营销推广。在项目即将完成之时即开展前期营销,为产品出版后快速进入市场、取得好的销售业绩进行预热,之后根据产品特点开展有针对性的营销。

(9)项目延伸与跟踪。项目完成后,根据市场信息反馈进行修订完善,同时在原项目的基础上,进行深度开发或延伸开发。

(10)项目奖励。实施项目制涉及多个部门参与,合理的项目绩效奖励是继续做好项目开发的关键,要完善出版社项目管理机制,处理好项目参与部门和项目组成员的利益关系,充分调动其工作积极性。

五 北京语言大学出版社国际品牌产品案例

案例一:《中国文化百题》

(一)产品介绍

《中国文化百题》(DVD)是由北京语言大学出版社与中国五洲传播中心于2006年共同策划、拍摄,历时三年完成的巨作。该片提供中、英、俄、德、法、西、日、韩、泰、阿等十种语言的配音和字幕,全套共四辑,每辑五十题,每题三分钟。该片荟萃了中国文化的精华,涵盖了中国文明与艺术、中国风俗、中国儒释道、中国民族、中国名胜古迹等内容,它以简练生动的语言,清晰优美的画面,使观众在快速直观地了解中国文化的同时,从中领略到中国文化的精神实质。它既是一套填补汉语教学空白的立体化精品教材,也是一部全面了解中国文化、感知中国的影视精品。

(二)产品形式

《中国文化百题》全套共四辑,每辑含5张DVD、5本图书、50张书签。

1.DVD是本产品的重点。每张DVD含十个文化点,每个文化点为一集,一集三分钟。有中外文解说和字幕可供选择。

2.图书是DVD的配套产品,一张DVD配一本书,含DVD的中外文解说,并加上拼音,选出部分文化领域特有的、偏难的词汇和短语,进行注解,并做成按拼音排序的列表。图书还包含大量精美插图。

3.书签是DVD和图书的配套产品,DVD中的一集、图书中的一课,就是一张书签,共50张,书签正面为该文化点的典型图片,背面是该课偏难的词汇及英文注释,可作为生词卡片背诵,也可收藏和赠送。

（三）产品特点

1. 画面优美。视频拍摄采用了电影胶片、高清、标清等先进设备，追求画面的高清晰、高质量和真实感。

2. 覆盖面广。涵盖了中国的名胜古迹、地下宝藏、中国名山大川、民族、美食、节日、传统美德、日常生活、儒家、佛教与道教、风俗、历史、中医中药、文明与艺术、经典和人物著作等方方面面。

3. 典型文化。由对外汉语教学专家严格遴选，涵盖了汉语教学中遇到的200个典型的中国文化点。

4. 高度浓缩。每个文化点视频只有3分钟，文字量控制在400个汉字左右。

5. 深入浅出。语言的词汇难度等级和语法结构难度等级都有严格的控制。以画面为基础，辅之以精练简洁的中外文解说和字母。

（四）产品定位

1. 对外汉语教学辅助资源。本产品涵盖了汉语教学中遇到的200个典型的中国文化点，可供海内外汉语教师作为课堂教学的辅助教学资源。

2. 外国人了解中国文化的窗口。本产品采用中外文解说和字幕自由选择，即使不懂汉语的外国人也可以观看。

（五）经济效益

自2007年11月《文化百题》第一辑出版，截至2018年12月，累计销售195998套，销售码洋2921.44万元，销售收入1240.59万元。除直接经济效益外，间接经济效益更为显著，全部视频资源都纳入北语社数字资源库，可用于开发其他对外汉语教材，为北语社积累了可以享用多年的视频资源。

（六）社会效益

《文化百题》产品的成功开发，打破了中国出版行业音像产品赔本的状况，北语社也一跃成为中国电子音像产品销售范围最广、销量最大的出版社，产品销往世界 100 多个国家和地区，这既有效推广了中华文化，又提升了北语社的国际影响力和市场竞争力。

（七）成功要素分析

1. 创建了音像产品开发的合作模式

北语社与国务院新闻办五洲传播中心就"走出去"音像产品开发开展战略合作，北语社利用其熟悉海外汉语教学市场、拥有汉语教学专家和专业编辑人员的优势，负责产品策划设计、脚本撰写、图书编辑、视频审定等；而合作方五洲传播中心视频资源丰富、设备优良、技术精湛，擅长中华文化视频产品制作。这种合作共赢的开发模式是产品开发成功的前提。

2. 市场定位准确

北语社对海内外汉语教学情况十分了解，掌握对外汉语教学领域音像制品的状况和汉语教学的需求，因此把产品准备定位在汉语课堂教学辅助资源。

3. 选题策划专业化

（1）文化点的选择采取了问卷调查的方式，面向北京语言大学 10000 余名来华留学生和北京语言大学 500 余名国际汉语教师，从调查结果中选出 200 个文化点。

（2）由讲授中国文化课的教师撰写脚本，以控制文字的难度。

（3）基于汉语教学辅助资源的定位，每个文化点视频 3 分钟，适应课堂播放，不影响课堂教学任务的完成。

（4）解说和字母可以中外文互换，读者可以自由选择。

（5）配有图书和生字卡，汉语学习者可以使用。

（6）出版了英、俄、德、法、西、日、韩、泰、阿等多种语言版本，有利于国际推广。

4. 产品制作精品化

（1）高清拍摄，高清视频。

（2）每个画面都进行细致审定，画面与脚本匹配。

5. 运作模式创新——采取项目制

北语社组建《中国文化百题》项目组，由社长兼总编辑牵头，成员由5个部门人员组成，包括编辑和海内外营销人员。合作方五洲传播中心也组建项目组，与北语社项目组对接，定期进行沟通交流。

6. 营销模式创新

（1）采取分级营销：一级营销是直销到学校；二级营销是在实体书店和网络书店销售，基本铺满后面向个人降价销售；三级营销是改装简装本降价销售。

（2）会议、书展宣传推广。在北语社举办的大型对外汉语教学学术研讨会上，利用会前和会间时间播放产品；参加国际书展和海外汉语教学研讨会，播放推广，采取与用户解说式营销。

（3）在北语社网站上设立专区，可以播放或下载样片。

案例二：《汉语乐园》多媒体互动教材

（一）产品介绍

《汉语乐园》是一套针对海外学习汉语儿童打造的立体化教学产品，包括纸质图书和配套录音CD、多媒体互动光盘（DVD-ROM）、网络课件3个部分。本产品是在对欧美等国外儿童汉语教学情况全面调查的基础上，以"寓教于乐、寓学于乐"为宗旨，针对海外儿童认知心理特点，采用互动式愉悦型教学模式，将语言教学、文化介绍和游戏活动三者融为一体，集Flash动画、高清DVD视频、学习软件于一身。不仅为教师课堂教学提供了课文动画演示、活动演示、文化背景资料等，还通过丰富多彩、生动有趣的画面、幽默故事、唱歌、手工活动、课内外游戏等多种学习方式，构建了一个适合儿童特点的汉语学习立体课堂，充分调动儿童的认知兴趣，使儿童在轻松愉快的氛围中循序渐进地学会汉语、潜移默化地接受中华文化。

本产品已出版了 45 个语种版本，是开发语种最多、世界范围内使用量最大的一套汉语教育产品，被列为国家重点文化出口项目、国家百种外向型重点音像电子出版项目、国家汉办海外重点推广项目。

（二）产品形式

本产品包括纸质图书和配套录音 CD、多媒体互动光盘（DVD-ROM）和网络课件。纸质图书分为 3 个级别，每个级别由学生用书、活动手册、教师用书、词语卡片组成。多媒体互动光盘是与《汉语乐园》系列教材配套的全动画、影视设计制作的 DVD-ROM，分 3 个级别，共 12 张光盘，每张光盘有三大模块：Text（课文），Exercises（练习），Games（游戏），全部光盘共包括 147 个 Flash 动画短片，68 个高清视频短片，192 个人机互动练习，108 个挑战性动漫游戏和 18 首 MTV 动画歌曲。

（三）产品定位

本产品是以国外小学生为读者对象的初级儿童汉语教材。

（四）产品特点

1. 表现形式多元化。涵盖了多媒体的视频、动画、互动游戏、图像、声音、文字等表现形式。通过 Flash 等技术手段立体展现教材内容；用高清晰 DVD 视频向海外儿童直观展现中华文明；结合所学内容设计互动多媒体游戏，极大调动了儿童的学习热情。

2. 本产品是中国第一套融汉语学习和游戏于一体的多媒体教材，知识性、交互性、趣味性、娱乐性兼备。

3. 制作精湛，设计国际化。无论是纸质图书还是多媒体产品，在人物形象塑造上都十分注重成长性和性格等细节的变化；在美术动画的表现上，则吸收了中国水彩画的特点，动作不仅考虑到了教学与学习动画的实用性，还考虑到了在教学中的实效性，较以往国内开发的教学软件有较大突破，充分体现了国际化特点。

4. 大制作。互动多媒体光盘（DVD-ROM）独创了许多具有独立知识产权的新颖的学习形式和学习游戏，包括 147 个 Flash 动画短片、

68个高清视频短片、192个人机互动练习、108个挑战性游戏和18首MTV歌曲,将学习的内容融入动画、歌曲、游戏当中,贴切有趣。

5.多语种。目前已开发了45个语种版本,行销65个国家。

(五)经济效益

《汉语乐园》互动多媒体教材先后推出英文版、德文版、俄文版、泰文版等45个语种版本,销售码洋达1.02亿元,销售收入4437万元,覆盖美国、英国、法国、德国、意大利、西班牙、日本、韩国、泰国、巴西、澳大利亚、印度等65个国家。

(六)社会效益

《汉语乐园》自2005年出版面市以来,深受海外汉语学习者的喜爱,不断再版。已陆续出版了英、德、法、泰、俄、韩等45个语种的版本,全球发行总量达到129.5万册。

《汉语乐园》凭借精良的质量,在各国成千上万的使用者中树立了很好的口碑,深受世界各国汉语教学界的认可与好评,已成为世界儿童汉语教材的第一品牌,是当今全球最畅销的儿童对外汉语教材。被美国、加拿大等国家的教育部门列为规划使用教材。《汉语乐园》在满足世界各个国家和地区儿童学习汉语需要的同时,也成为这些孩子们认识中国、了解中国文化的启蒙读本。在儿童的心中播下汉语和中国文化的种子,必将对汉语走向世界产生深远的影响,也将对中国图书走向世界做出重要的贡献。

自出版以来,《汉语乐园》先后被列入国家汉办重点规划教材、国家重点电子音像出版项目、"十一五"国家级出版规划及"中国图书对外推广计划"重点推荐书目等,荣获的国家级奖项包括第二届中国政府出版奖优秀电子出版物奖、中国文化艺术政府奖首届动漫奖"最佳动漫出版物奖"入围奖、第三届中华优秀出版物电子提名奖、第三届中国数字出版博览会优秀作品奖,被国家汉办评为"优秀国际汉语教材",等等。

（七）成功要素分析

1. 选题创意新颖

以国际化的视角，从儿童认知特点和汉语特点出发，结合教学设计和信息技术的最新发展，采用全新的设计理念和内容形式，将语言学习、文化感受、游戏体验相结合，用儿童喜欢的视觉语言阐释中国文化，以情景动画、游戏、活动和故事的方式让儿童在轻松欢乐的气氛中学习汉语，感受中华文化的魅力。

2. 开创了全新的汉语教学模式——以学生为中心的立体化教学模式

在充分调研海外儿童学习需求、学习习惯的基础上，以信息技术和课程整合的视角，从学习过程出发进行教材设计，探索并尝试将过去教材编创以讲授知识为主导的教学模式转变为以学生为中心、发挥学生自主探究学习能力的、用信息技术（融合图画、声音、视频、动画、MTV、卡拉OK等多媒体手段）辅助建立形象的学习环境和思维通道的立体化教学模式。

3. 采用多种媒体融合方式

充分利用数字及媒体技术，将动画、游戏、视频结合，营造汉语学习的立体环境，使汉语学习更有趣。同时，这种多媒体融合的教材形式还为教师和学生提供了多种选择。

4. 场景设计、人物设计、动画设计国际化

充分考虑国外儿童汉语教学的场景和人物特点，在设计时做了许多国际化、个性化处理，易于为国外儿童接受。

5. 满足市场需求

拥有45个语种版本，市场范围广泛，填补空白；入选国家重点项目，荣获多个奖项，有利于市场推广。

6. 材料选择与包装形式与国际接轨

充分考虑儿童产品使用的安全性、轻便性等方面的特点，在材料的选择和包装形式上与国际接轨。

第十四章 "一带一路"背景下图书境外版权保护

图书是文化传播的重要载体,是跨国文化交流的基础。中国图书"走出去"有助于中华文化与世界各国文化的交流,有助于增强各国对"一带一路"倡议的文化认同感。我国十分注重对"一带一路"沿线国家的图书推广,2014年12月,国家启动实施了"丝路书香出版工程",这是"一带一路"倡议中唯一的图书出版项目,涵盖了丝路国家图书互译项目、汉语教材推广项目、境外参展项目、出版物数据库推广项目等多种与图书出版相关的项目,旨在推动中国图书"走出去"。自"丝路书香出版工程"实施以来,我国对"一带一路"沿线国家的版权输出与出版物实物出口数量有显著提升,把中国图书"走出去"推向了一个新的高度。由于"一带一路"沿线国家间经济和文化的差异,对图书版权的认识和保护也不尽相同,随着中国图书"走出去"数量增多,尤其是互联网和数字技术所推动的数字出版产品在"走出去"出版物所占比重越来越大,中国图书在"一带一路"沿线国家版权保护将会变成一个挑战性的话题。凡事预则立,不预则废,我国出版业应高度重视境外版权保护,未雨绸缪,做好防范。本章通过分析"一带一路"背景下中国图书境外版权保护状况以及存在的问题，提出图书境外版权保护的相应策略。

一 "一带一路"主题图书"走出去"现状

自"一带一路"倡议提出以来，我国出版业与"一带一路"沿线国家交流合作进入全面开展新阶段。根据中国新闻出版研究院 2019 年 7 月 26 日公布的数据，自 2013 年"一带一路"倡议提出以来，我国 375 家出版单位在 2014 年 1 月至 2018 年 3 月，围绕"一带一路"主题出版图书 2814 种，在此期间，"一带一路"主题图书的出版呈现连年增长趋势，2016 年此类图书的出版超过 700 种，2017 年猛增到 1100 种以上，年增幅超过 50%。我国与"一带一路"沿线国家的出版贸易数量逐步增加，2016 年至 2018 年，我国与"一带一路"沿线国家签订版权贸易协议从 3808 项增加到 7100 余项，三年间增加约 3300 项，增幅达到 86.5%。开展图书版权贸易合作国家 83 个，遍及亚洲、欧洲、非洲、大洋洲、北美洲和南美洲，占与我国签署共建"一带一路"合作文件国家总量的近 2/3。"一带一路"沿线国家已成为中国版权输出新的增长点。同时，中国图书"走出去"产品结构也在发生改变，向"一带一路"沿线国家输出的出版物形式日益丰富，从过去单一的纸质图书拓展到音像产品、电子书、有声书等多种媒体形式。

"一带一路"沿线国家大部分是发展中国家，经济亟待发展，版权保护意识差别较大，版权侵权执法水平不一。随着中国图书"走出去"的数量持续增长，在境外被侵权现象时有发生。笔者曾在东南亚某一国家的著名培训机构参观时发现，该培训机构使用的教材竟是北京语言大学出版社出版的汉语教材的复印版，在另一个东南亚国家也发现了汉语教材被盗版的现象。随着"一带一路"沿线国家学习汉语的人数越来越多，品牌汉语教材在境外被侵权盗版现象也日益严重。此外，我国出版业正在由传统出版向数字出版转型，数字产品"走出去"数量明显增多，我国出版的数字产品在境外被侵权使用也较为严重，如一些音像产品、电子书被复制或破解，境外有些公司未经我国出版企业授权就扫描制作电子图书进行销售等。对于这些境外侵权盗版现象，我国出版企业大都未采取主动措施维权，这一方面是因为跨国维权很难，需要投入很多的人力、物力和财力，而且未必能够成功；另一方面则是企业认为自己输出到境外的图书数量不多，不影响国内市场，因而不重视境外版权的管理与保护。中国版权协会理事长、原国家新闻出版广电总局副局长阎晓宏曾多次呼吁出版业要重视中国海外知识产权保护，他指出，文化"走出去"，在海外也要高举保护知识产权的大旗，维护我们的优秀文化产品的知识产权。数字版权已成为文化产业发展最重要的基础性资源，在网络时代，新技术、新应用、新问题层出不穷，必须把版权资源创造、运营、管理和保护的创新摆在重要位置。为了做好图书境外版权保护，我国出版业在进入"一带一路"沿线国家市场时，除了要解决出版内容、资本运作、经营销售等问题，还应了解相关国家加入国际公约和版权保护的情况，做到知彼知己，提前做好防范工作。

二 "一带一路"沿线国家版权保护状况

版权保护制度赋予图书、音乐、电影等信息产品以排他性，保护人类智力成果创造者的财产权与人身权不受侵害。[①] 版权保护制度以保护知识产品产权的方式，促进了知识产品有序而广泛地传播，进而推动了知识产品生产、科技文化发展和社会进步。目前，版权领域的主要国际公约有：《保护文学艺术作品伯尔尼公约》，简称《伯尔尼

---

① 丁汉青：《有关版权保护制度的几点思考》，《新闻战线》2018年第3期。

公约》;《保护表演者、录音制品制作者与广播组织公约》,简称《罗马公约》;《版权条约》和《表演与录音制品条约》,即"WCT"和"WPPT";《与贸易有关的知识产权协议》,即"TRIPS协议"。我国已经加入上述除《罗马公约》外的其他国际条约,此外还与一些国家就版权保护签订了双边或多边协议。"一带一路"相关国家的版权保护制度总体来说国际化程度比较高,大多数国家加入了《伯尔尼公约》、"WCT"和"WPPT"以及"TRIPS协议"。尽管大部分"一带一路"相关国家的版权法均规定了相应版权侵权行为所应承担的民事、行政和刑事责任,但由于沿线大多数国家和地区经济发展水平较低、知识产权保护制度欠缺或不足,各个国家的知识产权保护环境大不相同,版权侵权执法水平也不同。

知识产权指数是基于各国法律政治环境、实物产权、知识产权三方面的综合指数,指数越高,产权越明晰,根据世界知识产权组织发布的《2014年世界知识产权指数》显示,"一带一路"区域国家的知识产权指数相对都比较低,特别是土库曼斯坦、伊朗、乌兹别克斯坦、越南和吉尔吉斯斯坦等国。相较而言,中亚国家的知识产权指数最低,其次是南亚等国,而东南亚的新加坡、马来西亚等地区相对较高。东盟十二国由于经济与技术发展水平不同,各国在知识产权制度构建上也存在着差异。新加坡是东盟国家也是亚洲国家中知识产权管理最为规范的国家,也是全球知识产权保护最好的国家之一。越南过去知识产权保护意识较差,在加入《伯尔尼公约》后越南政府开始采取严厉措施,加强了对侵权盗版的打击,版权保护取得了很大进步。柬埔寨、老挝、缅甸等国家还未开始执行"TRIPS协议"的相关条款。印度知识产权保护体系完善,知识产权保护与国际条约紧密接轨,知识产权保护较好。俄罗斯和中东欧各国,经济发展水平相对较高,加入知识产权国际公约较早,注重知识产权保护机制建设,知识产权制度相对完善,知识产权执法力度普遍较严。中亚五国总体经济发展水平较低,社会不稳定，版权保护更多停留在纸面上，知识产权执法力度普遍不够，缺乏有效的版权保护机制。

"一带一路"沿线各国和地区具有不同的历史文化传统、风俗习惯和宗教信仰，处在不同的经济发展水平，知识产权保护意识、保护水平和保护制度各有差异。因此，我国出版企业进入"一带一路"沿线国家市场，除了要解决出版内容、资本运作、经营销售等问题，还必须根据业务特点做好版权保护工作。出版企业开展国际业务时，应详细了解相关国家的版权法律法规，掌握相关国家版权保护的基本情况，以及版权保护的地域性问题，以便制定恰当的版权保护措施。

三 中国图书境外版权保护策略

版权作为无形资产，已经成为出版企业的核心竞争力，保护图书境外版权就是保护出版企业的国际竞争力。出版企业在推动图书"走出去"的同时，应强化版权保护意识，重视图书境外版权保护，建立风险防范机制，及早制定相应的版权保护策略。为了减少跨境维权的难度，出版企业可以转变图书境外版权保护的思路，从被动维权向主动防范转变，从单方保护向多方协同保护转变，把境外版权保护作为深化与"一带一路"沿线国家开展合作的一种途径，作为促进企业国际化发展的推动器。基于这种思路，中国图书境外版权保护可以采取以下对策。

1. 以版权输出促进版权保护

从多年图书"走出去"实践来看，版权输出是图书境外版权保护行之有效的办法。一方面，外国出版机构对引进版图书进行改编出版、经营与管理，从而获得相应的收益。版权引进方从自身利益考虑，必然会承担起版权保护的责任，加强对引进版图书的监管和对侵权盗版的打击，遏制或减少侵权现象，这就使得出版企业输出的版权在引进国有了监护人，使得我们的图书版权得到一定程度的保护。同时，出版企业可以根据不同国家或地区图书市场的特点，有针对性地开展版权输出工作，不搞一刀切，不单纯追求输出版权的数量，以求得市场占有率更大、利益最大化。另一方面，加强对输出版权的管理，对版权贸易的发展和版权保护有重要的意义。对于出版企业来说，版权输出不仅要取得社会效益，还要取得经济效益，因此，出版企业在积极推动版权输出的同时，还要加强对输出版权的管理，最大限度地回收版税。出版企业可以通过创建版权管理平台，加强对版权贸易的管理。应用版权管理平台，出版企业可以掌控版权输出的相关信息，如版权输出种类、数量、形式、期限及引进版权的国外出版机构情况；可以根据输出版权产品在国外的运营情况、收入信息，对输出版权的出版状况、版税缴纳、外版样书等情况进行监督；可以从内容形态、权利状况、资产状况、运营情况等层面对版权资产进行统计分析，形成完整的统计分析结果，挖掘版权信息情报用于指导"走出去"工作；还可以对版权输出情况进行实时披露和追踪，使版权管理更加规范、透明，方便作者和相关部门查询及版权预警分析。加强输出版权的管理，不仅能够遏制一些国家的侵权行为，而且有利于开拓图书市场领域，增加版税收入。

2.通过国际合作共同防范侵权盗版

出版企业可以通过与国外出版机构开展合作出版等方式，利用外方的编辑、出版、宣传、发行渠道等优势，联合开展图书产品的市场营销，扩大图书在输入国的影响力，打造品牌产品。同时，本着"合作双赢、利益共享"的原则，充分调动中外双方的版权保护积极性，共同遏制侵权盗版。对于在"一带一路"沿线国家销售较好的国际汉语教材，出版企业可以采取与当地著名培训机构合作出版汉语培训教材的办法，共促发展，遏制侵权。此外，出版企业还应尽可能选择输入国当地的作者,在实现图书本土化的同时,作者还会协助出版企业进行版权保护。通过合作出版,最大限度地调动国外资源,既丰富了产品的来源,促进了产品的推广,也有效地保护了图书的版权。

3. 利用海外经销渠道进行版权保护

在全球范围分区域建立海外代理经销点是图书实物"走出去"的有效渠道。通过搭建广泛而有效的海外经销渠道,可以推动图书快速分布到世界各地,让海外读者能够看得到、买得到。同时,利用这些营销渠道,也保护了自己图书在境外的版权利益。例如,北语社根据其汉语教材"走出去"特点,致力于海外经销渠道建设,截至2018年,北语社已拥有376个海外代理经销点,共同推广汉语教材。此外,北语社与各国家汉语教师学会及汉语教师建立广泛而密切的联系,在图书推广重点区域建立关系网,不仅能了解各国汉语教学的情况,还能了解北语社汉语教材在该国家的使用和销售情况,及时得到图书被侵权信息,以便快速采取措施。

4. 采取网络销售保护版权

网络销售可以解决因产品价格、数量和配送速度等引起的侵权问题,是有效遏制海外侵权的方法之一。出版企业可以通过企业跨境网站整合专业的国内、国际物流配送渠道,提供多种支付和运输方式供用户选择,方便其快速完成线上订购,使产品迅速送达遍布世界的用户手中,这也大大方便了海外用户。不少客户反馈,网络销售能让他们便捷、便宜、大批量地购买所需图书,这也就避免了因传统销售数量少不发货和运送速度慢而造成的对图书产品的复印、复制等行为。

5. 控制成本,合理定价

"一带一路"沿线国家多数经济不发达,国民购买力较低。对于实物出口到东南亚、中亚等国家的图书，出版企业应根据当地实际情况，并考虑转口贸易到达国外需要给经销商留出利益空间等因素，控制图书生产成本，合理定价。只有定价合理，再加上顺畅的销售渠道，图书才不会因价格过高而被侵权。对于版权输出的图书产品，在与引进版权的出版机构签订版权输出协议时，也要考虑输入国经济状况，合理确定版税比例，这样版权引进方可按当地图书市场价格定价，也会在营销推广的同时主动做好版权保护。

6. 提供增值服务，鼓励使用正版

随着"一带一路"沿线国家学习汉语的人越来越多，对汉语教材需求量也在不断增长，国内出版企业出版的汉语教材以实物出口进入"一带一路"沿线国家成为主要形式。国内汉语教材出版企业可以从促进海外汉语教师教学水平提高的角度出发，为海外汉语教师提供完整教材信息和使用方案，如电子教案、课件、试题库、视听资源等。还可以通过建设汉语教学资源服务平台，实现与海外汉语教师、学习者网上互动交流。通过这些措施，既可以为使用正版教材的教师和学生提供支持和增值服务，又可以鼓励他们使用正版汉语教材，减少汉语教材在有些丝路国家被侵权盗版的现象。

7. 采用先进数字保护技术防范

随着"一带一路"沿线国家对电子、音像等多媒体出版产品需求的增大，我国出版企业数字版权输出和数字化产品贸易不断增加，数字出版产品版权保护应成为出版企业重点关注的问题。对于数字出版产品的境外版权保护，一方面可采用国际先进的数字版权保护技术对所出版的数字出版产品进行技术性处理，实施有效保护，防止数字内容发生盗版及在未经授权许可的情况下被非法使用和传播。另一方面，对于实物出口的图书产品，可以将电子、音像等数字化产品与纸质图

书融合出版，统一定价，统一销售。出版企业在策划此类选题时就要充分考虑到数字产品版权保护问题，把媒体融合出版产品一起推出，最大限度防止侵权盗版。

8. 借助行业协会等非政府组织的力量

单个出版企业应对图书境外版权保护，势单力薄。我国出版企业可以借助社会中介组织、行业协会等非政府组织的力量，为境外版权保护提供有效的服务，如搜集侵权信息、申请咨询服务、培训服务以及海外维权代理等，相关组织还可以促使我国出版企业与境外相关企业就共同利益进行协商，联合维权。同时，行业协会还可以在协同技术创新、形成版权保护联盟、提升出版企业版权国际竞争力等方面发挥作用。此外，出版企业可以利用多年与海外机构或个人合作而形成的关系网，了解输出版权图书在当地的销售情况和版权保护情况，及时提供侵权信息，出版企业可以有针对性地采取维权措施。

9. 政府部门发挥主导作用

随着中国图书"走出去"数量的快速增长，我国政府相关部门应加强对"一带一路"沿线国家的版权制度和版权保护状况研究，根据不同国家版权保护特点，有针对性地开展版权保护知识培训，为出版企业提供版权保护指导，与出版企业共商切实可行的防范措施。建议政府相关部门针对"一带一路"沿线国家的版权保护状况，建立中国图书境外版权维权援助专门机构，为出版企业提供法律咨询、法律援助、侵权调查等方面的帮助。另外，作为"一带一路"倡议的发起者，我国政府相关部门应积极推动与"一带一路"沿线各国的版权合作，建立常态化合作机制，加强战略协同、法律协调和政策对接，建立公平合理的版权规则。强化版权保护，共同打击侵犯版权犯罪，构建公平竞争营商环境。

10. 加强版权保护专门人才的培养

政府有关部门应建立出版行业知识产权人才培养机制，采取长线培养与短期培训相结合、版权理论与版权贸易实践相结合的方式，加强对出版管理部门、出版企业和出版行业协会相关人员的培训，培养一批具有知识产权专业知识和实践经验的人才，做好知识产权的管理工作。出版企业也要把版权保护专门人才培养纳入企业人才培养规划，培养、储备一批既懂法律又懂外语，既熟悉企业经营战略，又擅长版权贸易的专门人才，以备将来在企业的实践工作中发挥其作用。

在知识经济时代，图书版权是出版企业赖以生存和发展的生命线。"一带一路"倡议的提出和现代信息技术飞速发展，既给中国图书"走出去"带来了发展机遇，同时也给中国图书境外版权保护带来了挑战。从国家和政府层面，要积极推进有利于图书境外版权保护的法律法规、机构设立、国际合作、人才培养等计划的实施，提升国家版权保护的水平；从出版企业层面，除了提高境外版权保护意识、重视技术创新、品牌经营和积极应对版权纠纷外，还应当根据自身情况，积极制定并实施符合自身特点的境外版权风险防范机制和版权保护策略，通过多种途径和措施尽可能降低图书被侵权的风险。

参考文献

李钊平、任彦宾：《美国的媒介融合与出版创新》，《中国出版》2019年第9期。

喻国明：《5G：一项深刻改变传播与社会的革命性技术》，《新闻战线》2019年第15期。

杨柳：《传统出版与数字出版的深度融合发展探析》，《科技传播》2019年第8期（上）。

《英国导演：中国人为啥讲不好中国故事》，《北京周报》2019年第29期。

柳斌杰：《共建"一带一路"出版合作机制，让出版走出去"走深走实"》，《中国新闻出版广电报》2019年7月29日。

国家新闻出版署：《2018年新闻出版产业分析报告》。

中国新闻出版研究院：《2018—2019中国数字出版产业年度报告》。

范军、张晴：《国际出版业发展的新动向与新变化》，《人民网》（网页版），http://m.people.cn/n4/2019/0617/c3351-12834934.html，2019年6月17日。

李永强：《出版企业媒体融合困境及突围策略》，《中国出版》2019年第10期。

孙艳华：《场景分类在数字出版中的应用》，《出版发行研究》2019年第3期。

刘蓓蓓：《中国出版走出去：三个平台最抢眼》，《中国新闻出版广电网》（网页版），http://www.chinaxwcb.com，2018年12月24日。

杨行：《我国跨境电子商务物流模式研究》，《中国集体经济》2018年第24期。

郑楠、黄卓：《中蒙俄跨境物流运输便利化的合作机制探析》，《对外经贸实务》2018年第11期。

［美］迈克尔·A·希特等：《战略管理（竞争与全球化）》，焦豪等译，机械工业出版社2018年版。

周蔚华、杨石华：《中国出版对外交流与国际合作40年》，《中国出版》2018年第20期。

赵丽君：《"一带一路"背景下国际化人才培养的知与行》，《光明日报》2018年7月1日第7版。

刘晋江：《我国外资企业跨文化管理的问题与对策研究》，《郑州轻工业学院学报》（社会科学版）2018年第6期。

曹倩：《我国跨境物流面临的问题及对策分析》，《北方经贸》2018年第5期。

丁汉青：《有关版权保护制度的几点思考》，《新闻战线》2018年第3期（上）。

梼杌：《中国品牌的国际化之路要走得"稳健有力"》，《中国对外贸易》2018年第2期。

国家新闻出版署：2017年新闻出版产业分析报告。

周晓慧：《电子图书出版模式及版权保护创新》，《出版广角》2017年第19期。

赵建国：《"一带一路"沿线国家和地区知识产权现状概览》，《中国知识产权报》2017年5月11日。

邓元兵：《移动互联网对品牌传播与管理的影响》，《青年记者》2017年第14期。

［美］杰克·特劳特：《大品牌大问题》，耿一诚、许丽萍译，机械工业出版社2011年版。

江进：《大学出版社境外投资风险防范初探——以北京语言大学出版社北美分社为例》，《教育财会研究》2016年第6期。

刘志伟：《"十三五"出版品牌建设创变未来》，《中国出版传媒商报》2016年12月13日第1版。

马士华、林勇：《供应链管理》，机械工业出版社2016年版。

李菊丹：《论一带一路国家版权制度的国际化与版权保护的地域性》，《科技与出版》2016年第10期。

李妍：《探索出版"走出去"的创新发展之道》，《科技传播》2016年第7期（上）。

金星余：《我国跨境电商高速发展下的国际物流问题》，《中国市场》2016年第6期。

刘强、李本乾：《中英美出版产业国际竞争力的演进比较》，《出版科学》2016年第2期。

王新新：《3.0时代的品牌管理》，《品牌研究》2016年第2期。

张长立、高煜雄、曹惠民：《"一带一路"背景下中国海外知识产权保护路径研究》，《科学管理研究》2015年第10期。

佟贵兆：《新时期对比分析传统出版与数字出版的供应链》，《科技传播》2015第10期。

田建平、赵瑞交：《中国出版"走出去"的使命与方式》，《出版广角》2015年第11期。

曹书云：《现代出版企业核心竞争力探析》，《传播与版权》2015年第9期。

徐翔：《世界知名大学出版社的国际化发展之道——以剑桥社、牛津社为例》，《出版广角》2015年第8期。

蔡晓宇：《中国出版十年"走出去"历程的回顾、反思与展望》，《出版广角》2015年第7期。

王关义、鲜跃琴：《我国出版业国际化转型现状问题与对策》，《中国出版》2015年第8期。

廉同辉、李春雷、袁勤俭、周晓宏：《文化"走出去"视角下数字出版内容创新研究》，《学术论坛》2015年第2期。

李红强：《做小做细做实——近十年出版业"走出去"回顾及新变》，《科技与出版》2015年第1期。

冯会平、范军：《哈佛大学出版社的成功之道及启示》，《出版发行研究》2014年第10期。

谭跃：《关于出版国际化的主要思考》，《中国出版》2014年第17期。

［美］迈克尔·波特：《竞争战略》，陈丽芳译，机械工业出版社2014年版。

王松茂：《我国出版业海外投资中的问题研究》，《出版科学》2014年第5期。

姚永春、万才兰：《跨国出版企业海外分支机构区位布局分析》，《出版科学》2014年第5期。

肖明超：《移动互联时代如何思考品牌传播》，《广州日报》2014年5月6日。

张志成：《本土人才国际化与国际人才本土化——谈出版走出去与出版人才培养》，《中国出版》2013年第4期。

杨庆国、孙梦雨：《我国出版产业国际市场进入模式选择研究》，《中国出版》2012年第22期。

郝兴辉：《韩国海外知识产权保护政策及其启示》，《中国发明与专利》2012年第10期。

肖洋、谢红焰：《入世十年我国数字出版"走出去"现状及问题研究》，《编辑之友》2012年第10期。

黄禾青：《我国图书出版业"走出去"的内容创新策略》，《观察与思考》2012年第9期。

张美娟、何国军、张珊：《我国出版物流和供应链实践与理论发展研究述评——兼述出版物流"产学研"结合的意义》，《出版科学》2012年第3期。

钟细军、陈桂香：《中国出版企业核心竞争力研究综述》，《科技与出版》2012年第2期。

龙杰：《高瞻远瞩，勇于创新，诚实守信，迎接挑战——访剑桥社执行总裁Stephen Bourne》，《中国编辑》2012年第1期。

庞守林：《品牌管理》，清华大学出版社2011年版。

王文丽：《中国企业品牌国际化的对策分析》，《中国商贸》2010年第12期。

方允仲：《"出版资本走出去"的战略思考》，《出版参考》2010年第21期。

何奎：《加快海外分支机构发展推动中国出版国际化进程》，《出版广角》2010年第9期。

姚永春、马清燕：《"走出去"战略视域下中国出版业国际化发展研究综述》，《出版科学》2010年第5期。

陈金川：《出版国际化与出版创新》，《中国出版》2010年第5期。

李舸：《我国出版资本"走出去"问题初探》，《中国出版》2010年第6期。

[美]彼得·德鲁克：《管理的实践》，齐若兰译，机械工业出版社2009年版。

毛玉梅：《中资企业走出去后的本土化管理》，《怀化学院学报》2009年第8期。

安力戈：《试论出版社品牌化》，《社会科学论坛》2008年第8期。

刘钻扩：《韩国知识产权海外维权措施及其启示》，《国际经贸探索》2008年第4期。

张强：《跨国公司本土化经营战略研究》，《企业家天地》2008年第4期。

李岩、冯德连：《中国海外上市中小企业国际竞争力因素分析》，《国际经贸探索》2007年第4期。

黄光虹：《出版社的品牌建设》，《出版科学》2006年第5期。

邱慧、谢晋祥：《论出版企业核心竞争力的三要素》，《出版发行研究》2005年第8期。

徐江涛：《提高出版竞争力关键在人》，《出版科学》2005年第4期。

单国云：《本土化：跨国经营战略中的关键课题》，《国际经济合作》2005年第1期。

蔡继辉：《中国图书出版产业国际竞争力分析》，《出版经济》2004年第9期。

［美］小赫伯特·史密斯·贝利：《图书出版的艺术与科学》，王益译，河北教育出版社2004年版。

冯凯乐、周炜：《中国民营企业海外经营的五个成功因素》，《中国民营科技与经济》2004年第3期。

陈良华、李文：《供应链管理的演进与研究框架的解析》，《东南大学学报》（哲学社会科学版）2004年第1期。

［英］大卫·乔布尔：《市场营销学（原理与实践）》，胡爱稳译，机械工业出版社2003年版。

金钢：《本土化：中国企业跨国经营的重要战略》，《国际经济合作》2003年第5期。

王金秋：《出版社的品牌经营之道》，《新闻出版交流》2002年第Z1期。